MAÑANA SERA MEJOR

Obras de Carlo Carretto en E. P.

Mañana será mejor
16.ª edición - 256 páginas

Más allá de las cosas
14.ª edición - 248 páginas

Cartas del desierto
12.ª edición - 208 páginas

Lo que importa es amar
11.ª edición - 256 páginas

Padre, me pongo en tus manos
9.ª edición - 248 páginas

Dichosa tú que has creído
6.ª edición - 152 páginas

Yo, Francisco
7.ª edición - 208 páginas

Yo, Francisco (álbum)
1.ª edición - 96 páginas

He buscado y he encontrado
1.ª edición

CARLO CARRETTO

MAÑANA SERA MEJOR

16.ª edición

EDICIONES PAULINAS

© *Ediciones Paulinas* 1971 (Protasio Gómez, 13-15. Madrid-27)
© Città Nuova Editrice — Roma 1971

Título original: *Il Dio che viene*
Traducido por *Ezequiel Varona*

ISBN: 84-285-0377-X
Depósito legal: M. 7.322-1983
Impreso en Artes Gráficas Pájaro. Humanes (Madrid)
Impreso en España. Printed in Spain

INTRODUCCION

«*Ven, Señor Jesús*»
(Ap. 22, 20)

Tal vez nos encontremos en la época más dramática del mundo y de la Iglesia.

Las dimensiones de nuestras cosas han llegado a coincidir con las dimensiones del cosmos; la velocidad de transformación nos rinde inestable una sola jornada y todo es puesto en entredicho por el hombre, que se siente, como jamás se ha sentido, actor y constructor de su destino y al mismo tiempo pobre átomo perdido entre las inconmensurables galaxias.

La Iglesia, la misma Iglesia, que en la mente y en el corazón de los hombres de ayer era como el prototipo de toda seguridad y estabilidad, se ha convertido en el campo abierto a todas las protestas en superficie y en profundidad, hasta el punto de acongojar a pontífices y obispos y hacer temblar al último cristiano perdido entre la muchedumbre, cada vez más anónima y extrañamente inquieta.

Muchos se fosilizan en la inacción y en el aislamiento; otros muchos se buscan un *hobby* cualquiera para pasar el tiempo; muchos más adoptan el papel de profetas sin tener el don de profecía y, por fin, muchos otros, no hallando otra solución, se encierran en el pasado soñando con tiempos en que se rezaba en latín, se iba a gusto en procesión y se obedecía ciegamente. Todos, naturalmente, hacen lo que pueden—aun cuando se llenen la boca de discursos sobre el tercer mundo—por arrebatar a la vida, aunque no sea más que una sola gota de placer, contribuyendo eficazmente a precipitar el equilibrio del hombre en la civilización del bienestar, del sexo y de la droga: civilización de final de imperio.

Nos encontramos como tras el paso de un ciclón, mejor, de un terremoto, que, aun sin haber destruido por completo la casa, nos la ha vuelto insegura, descubriéndonos sus grietas e introduciéndonos en el corazón una tristeza indefinida.

Yo diría que hemos envejecido siglos enteros en pocos años y sentimos muy lejos nuestro pasado espiritual, si bien es sólo de ayer. Sobre todo sentimos lejana nuestra seguridad, nuestra estabilidad, nuestro dogmatismo.

Si tuviera que representar el mundo de hoy con un diseño, lo representaría como un astronauta que navega en el cosmos, pero... con la cápsula perforada por un fragmento cualquiera de meteorito, y la Iglesia, como a María y José caminando de Egipto a Nazaret sobre un borriquillo y llevando entre sus brazos la debilidad y pobreza infinitas del Dios encarnado: Jesús niño.

* * *

Pero todo esto ¿es sólo mal? ¿No existe, por ventura, en el actual malestar, en la crisis que nos consume, una raíz buena, un principio de vida?

¿Puedo sacar algo de constructivo del desmoronamiento de mi pasado, de nuestro pasado? En una palabra, lo que está sucediendo, ¿es el principio del fin o es síntoma de un nuevo parto de la historia y de la Iglesia?

¿La ruina de las instituciones arrastrará todo al caos o liberará algo que está naciendo en lo profundo de la vida del mundo y de la Iglesia?

Es difícil responder. Pero lo que podemos decir mientras tanto es que un poco de inseguridad nos beneficia a nosotros, que estamos tan habituados al dogmatismo y a la violencia de nuestras afirmaciones. Nos beneficia, sobre todo como cristianos, el perder un poco de prosopopeya medieval que nos hacía incapaces de dialogar, olvidar el pensamiento de que bastaba hallarse en la barca para estar seguros, puesto que la fe era tan sólida en nosotros como para no sufrir oscuridad alguna.

Y, como a la Iglesia, nos hace bien el volvernos un poco más humildes, más pequeños, más desarmados; esto es, no ver a los otros como «los otros», no enorgullecernos sólo con la resurrección y el triunfo de Cristo sin aceptar, al mismo

9

tiempo, la tremenda realidad de su crucifixión y muerte en nosotros.

Hay también otra cosa que nos beneficia y hace adultos, aun cuando resulte amarga para muchos: ha sonado con más fuerza la hora de la verdad.

Y ha sonado para todos.

Ya no podemos seguir escondiéndonos tras las mamparas de las ideas preconcebidas, de las leyes hechas, del orden constituido, de las tradiciones venerandas.

Todo se pone en entredicho, todo es repensado y juzgado a la luz de una nueva toma de conciencia y de una fe más adulta. De esta manera, el pan es el pan y ha de darse a todos; el papa es el papa, y no «Dios en la tierra»; la fe es la fe, y no sentimiento o razón; el bien común es el bien común, no el interés de unos cuantos; la obediencia es la obediencia, no prepotencia de autoridad o capricho de súbditos; la Iglesia es la Iglesia, y no un grupo de intocables.

* * *

Pero por encima de todo hay un descubrimiento que hacer, un punto fijo que establecer, un encuentro que efectuar, una fe que reforzar: la fe en un Dios personal. Yo diría que en cierto modo cada uno de nosotros debe encontrar al Dios de Abraham, de Moisés, de Elías y del Evangelio. La mampara de la Iglesia ha ocultado durante demasiado tiempo el agotamiento en los individuos de una fe auténtica en el Dios personal.

Nosotros creíamos a la Iglesia y ella creía en

10

Dios; nosotros nos confiábamos a la Iglesia, y ella hablaba con Dios. Nos habíamos vuelto como niños, cuya madre se arrogaba la difícil tarea de presentarnos desnudos y pobres ante la majestad del Padre.

En muchos la eclesiología sustituía a la cristología, la papolatría reemplazaba a la contemplación personal del Trascendente.

En mi juventud no era raro oír decir a los mejores: me consagro a la Iglesia, me consagro a la Acción Católica, me consagro a la Universidad católica, me consagro a mi obispo, sin tener en cuenta que no nos consagramos más que a Dios y a Dios solo.

La mampara de la Iglesia o de las cosas de la Iglesia ocupaba casi todo el espacio. Después, al caer la mampara o, mejor, al volverse más transparente, mediante una conciencia capaz de concebir una jerarquía de valores más profunda, nos hemos sentido como las termitas, que, sacadas con violencia de la oscuridad a que están acostumbradas, se retuercen al sol, denunciando su vulnerabilidad al trabajo a la luz.

Sí, nos hemos vuelto incapaces de hablar directamente con Dios sin intérpretes; nos hemos sentido solos entre las paredes derribadas de una institución arruinada por nosotros mismos.

Hoy hay muchos que se pasean asombrados entre las ruinas de su pasado espiritual sin sentir Presencia alguna.

¡Cuántos han olvidado la fórmula con que rezaban de niños y ya no saben rezar!

Por otra parte..., ¿por qué se ha de rezar si

no se siente la Presencia de aquél que recoge nuestras lágrimas en el odre de su misericordia? (cf. Sal. 56, 9).

¿Y si no existiera esta Presencia?

La pregunta se torna angustiosa para muchos.

No dudo en afirmar que ésta es la verdadera naturaleza de la crisis de nuestros días.

El fracaso de lo sacro, el empuje inexorable de la secularización, ha desnudado los altares de nuestra fe, ha borrado los «signos» que en una u otra manera nos ayudaban a entrar en el «Invisible» y nos indicaban su Presencia.

Ahora muchos de nosotros merodean tristes por este templo «desmitificado», se acercan incluso a su parte más íntima, al Sancta Sanctorum, al Tabernáculo, y empiezan a preguntarse: «¿Está vacío o persiste aún su Presencia?»

Tampoco en este caso resulta fácil darse inmediatamente una respuesta, cuando hace tanto tiempo que no estamos acostumbrados a la vida de fe, sino que nos contentamos con recuerdos, con cultura o vanos sentimientos.

No es fácil, tan distraídos estamos, inmovilizarse ante el Absoluto Eucarístico, verdadero compendio de todos los misterios de la fe y signo viviente honrado por la Presencia de Dios entre nosotros.

Es más fácil merodear por fuera, en busca de otro modo de Presencia de Dios en el mundo.

Los más buenos, los más generosos, los más atrevidos, se acercan al hombre de hoy y dicen: «¡Aquí está su Presencia! ¡Es el hombre la presencia de Dios en la tierra!»

Y tal vez jamás la palabra de Jesús: *«Donde hay dos o tres reunidos en mi nombre, allí estoy yo en medio de ellos»* (Mt. 18, 20), o bien: *«Cuanto hicisteis con uno de estos mis hermanos más pequeños, conmigo lo hicisteis»* (Mt. 25, 40), se ha convertido en el auténtico Evangelio de aquellos que tienen un alma religiosa y van en busca de una espiritualidad actual.

Es interesante ver este fenómeno de redescubrimiento en lo profundo del hombre, esta sed de liberarlo de la esclavitud, de la ignorancia y del hambre.

Es, sin duda, la más grande esperanza de nuestros días y la fuerza, o, mejor, la religión de quienes ya no creen o sienten dificultad para creer en el Dios de la trascendencia.

Un amigo me decía: «No me pidas que pierda tiempo rezando; no me pidas que busque a Dios en la soledad de tu desierto. Para mí, Dios está en el hombre, y yo me pondré en contacto con El sirviendo al hombre».

¿Qué he de responder? ¡Ojalá lo consigas! ¡Dios quiera que tengas el valor suficiente!

Tú dices eso porque no conoces todavía al hombre, porque no conoces tu debilidad para servir al hombre. Sábete que es la cosa más terrible y comprometida el quedarse ante el tabernáculo del hombre en actitud de amor y de servicio, cuando descubras su egoísmo, prepotencia y traición.

Servir al hombre es la cosa más fácil y más difícil al mismo tiempo.

Es la cosa más fácil cuando eres joven o estás ligado al hombre por el optimismo, por el sentimiento, por la naturaleza o por el interés; es la cosa más difícil cuando todos te abandonan o rechazan, como le ocurrió a Jesús en la noche de la traición. Sábete que el hombre no es sólo el hermano simpático o la hermana interesante de tu grupo, sino que es también Judas, el Capitalista, el Egoísta, el Militar que te tortura, el Blanco racista que te mira con desprecio y el Clerical insoportable que se estima perfecto.

El hombre es el hombre, el hombre completo: santo o delincuente, americano o chino, árabe o israelita, blanco o negro, clerical o anticlerical.

Si el hombre normal hubiera podido amar al hombre y servirlo hasta el fin, es decir, hasta el sacrificio de sí mismo, sin Cristo, sin la ayuda personal de Dios, habría sido inútil la Encarnación.

Nadie es capaz de tanto. Más tarde o más temprano descubrirá en sí mismo cuán imperfecto es su amor, cuán heroico resulta amar, cuánta necesidad tiene de «una fuerza que viene de lo Alto» y de un consuelo divino para resistir a la tentación de odiar a todos y de huir a una gruta donde vivir su propio aislamiento.

Sí, te lo digo con toda la claridad porque tengo experiencia: sólo Dios puede ayudarnos a amar al hombre; únicamente Cristo puede enseñarnos lección tan difícil.

* * *

Pero tampoco es éste el problema.

El verdadero problema es éste: Dios es una

presencia autónoma delante de ti, como la tuya ante el Amigo, el Esposo ante la Esposa, el Hijo ante el Padre, o ¿está tan sólo presente en las cosas y, por ende, en la cosa más grande e interesante, que es el hombre?

¿Puedes encontrar a Dios como Persona en tu camino, postrarte ante él como Moisés ante la zarza ardiente, sentir su caricia como Elías en el Horeb, experimentar su Presencia como los profetas en la oscuridad y en la intimidad del templo, o no?

En una palabra, Dios es el Dios de la trascendencia y, por consiguiente, es el Dios de la plegaria, el Dios del más allá de las cosas, ¿o es sólo el Dios de la inmanencia, que se te revela únicamente en la evolución de la materia, en la dinámica de la historia o en el compromiso de liberación del hombre?

Aquí está el verdadero problema de nuestros días y, como siempre, es un problema de elección.

¿Acción u oración, revolución o contemplación? Sin tener en cuenta que, como siempre, el pecado no está en lo que se hace, sino en lo que se omite.

La verdad es siempre una síntesis de oposiciones y resulta muy difícil hacerla. Es muy fácil, mucho más fácil, dejarse arrastrar por la violencia del error, que nos empuja encarnizada y gozosamente a los extremos del dilema, haciéndonos olvidar «el otro aspecto de las cosas». Y cuando así obramos, construimos en el vacío, sin hallar la paz.

En efecto, ¡nos encontramos sin paz!

Jesús pronuncia en el Evangelio una frase muy dura, que deberíamos recordar cuando se habla de acción: *«Sin mí no podéis hacer nada»* (Jn. 15, 5).

Pero ¿quién es este Jesús, que tiene el valor de decir a los hombres de todos los tiempos estas palabras: *«Sin mí no podéis hacer nada»*? ¿Es uno de los muchos personajes que han vivido en el tiempo y ha desaparecido con la muerte, recordándose al máximo sus enseñanzas, o es, como lo llama Pedro, inspirado por el Espíritu, *«el Hijo del Dios vivo»*? (Mt. 16, 16).

Y si está vivo, ¿cómo viene a mí, que estoy vivo?

¿Viene a mí como Persona o viene a mí como una nubecilla?

¿Viene a mí como Persona o viene a mí con una frase suya pronunciada hace dos mil años y transmitida por los apóstoles en el Evangelio?

He aquí el problema.

* * *

La Iglesia cree, yo creo que Jesús es el Hijo del Dios vivo, que vivía antes de su encarnación como Verbo de Dios, y vive después de su muerte y resurrección, habiendo realizado su alianza con la humanidad a la manera de unos esponsales.

Dios ha querido la alianza con el hombre y esta alianza es el contenido y el término de todo el plan de la salvación. Y la alianza se hace entre seres vivos, no entre muertos; la alianza se hace entre personas, no entre conceptos o símbolos.

Si es verdad que Dios, en su misericordia, ha

querido establecer una alianza conmigo, ha de recorrer mi camino para que yo pueda encontrarlo.

La oración personal es el punto de encuentro entre él y yo; el sacramento es la señal visible de mi alianza con el Eterno.

Por esto creo en la oración personal y por esto espero todos los días el encuentro con él en el sacramento. Podría decir sin temor de equivocarme que rezar es esperar al Dios que viene.

Cada día repleto de oración conoce el encuentro con el Dios que viene; cada noche que se le hace disponible mediante la fe, es honrada por su Presencia.

Y su venida y presencia no son el resultado de nuestra espera o el premio de nuestro esfuerzo, sino la decisión de su amor gratuito.

Su venida está ligada a su promesa y no a nuestro obrar o a nuestra virtud. No nos hemos merecido el encuentro con Dios porque lo hayamos servido fielmente en los hermanos o porque hayamos acumulado tanta virtud como para impresionar al cielo.

Dios viene impelido por su amor, no atraído por nuestra belleza. Y viene incluso en las horas en que hemos errado todo, en que no hemos hecho nada; más aún: viene cuando hemos pecado.

Si ha sido orgullo pensar que la venida de Dios se realizó en virtud de la ley y no de la promesa, es asimismo orgullo pensar hoy que la venida de Dios es fruto del esfuerzo del hombre y no don del amor de Dios.

Es por esto por lo que, en el fondo, quienes piensan hallar a Dios solamente en el servicio de los hermanos hacen inconscientemente un acto de orgullo. Confían el encuentro al fruto de su dedicación.

¿Cómo se encontrarán las rameras y los publicanos por este camino? Ni ellas ni ellos han hecho nada por servir a los hermanos; al contrario... Y, sin embargo, han hallado a Dios y han creído en él, como dice el Evangelio.

* * *

También nosotros lo queremos encontrar tal como somos, más allá de nosotros mismos, más allá de nuestro pecado o de nuestras virtudes.

Lo queremos encontrar porque es Dios, y sin Dios no podemos vivir.

Lo queremos encontrar porque es la Luz, y no podemos caminar sin luz.

Lo queremos encontrar porque es Amor, y sin amor no hay dicha.

Y lo queremos encontrar asimismo porque, al encontrarnos con El, reforzaremos la alianza que nos había ofrecido.

Todo lo demás se arreglará si los cristianos toman conciencia de su alianza con el Eterno.

La crisis de la Iglesia es crisis de cristianos, es crisis de fe, es crisis de oración, es crisis de contemplación.

Una vez consolidada la fe de cada uno con el Dios vivo, se reemprenderá el camino con facilidad.

Si reanudamos el trato vital y personal con

Cristo, será fácil reanudar nuestro trato vital y personal con la Iglesia.

Antes, no.

El Concilio mismo, que ha sido el acontecimiento religioso más extraordinario de nuestra época, la demostración evidente de la frescura y vitalidad de la Iglesia, un verdadero momento de gozo profundo para quienes «esperaban», una maravillosa toma de conciencia del misterio eclesial y de su presencia en el mundo, se vuelve inútil en quien o quienes pierden la fe o se alejan de la fuente jamás inexhausta del coloquio del hombre con el Eterno.

* * *

Toda la Biblia termina con una invocación, que san Juan pone en boca de la esposa, como compendio de todas las plegarias apasionadas dirigidas al Cielo tras la partida de Cristo de la tierra: *«Ven, Señor Jesús»* (Ap. 22, 20).

Pero ¿qué significado tiene este grito dirigido a Jesús, que después de haber vivido entre nosotros ha desaparecido físicamente de nuestra historia con su muerte, resurrección y ascensión?

Todos los cristianos lo saben.

Es la invocación para el retorno de Cristo en la parusía final, cuando su segunda venida clausurará la historia y nos introducirá en la época mesiánica del festín eterno del cielo.

Pero sería demasiado cruel si tuviésemos que esperar solamente *«el último día»*, esto es, si la vida del cristiano ya no tuviera contacto alguno con la Persona de Cristo hasta el fin del mundo.

Así como el reino de Dios vendrá el último día, pero al mismo tiempo ha venido y está «en nosotros», así la vuelta de Cristo, que vendrá como el relámpago del Apocalipsis, viene cada día, cada tarde, cada noche, en que me hago disponible para El y lo busco en el sacramento y en la oración.

La esposa puede encontrar a su esposo todas las veces que quiere. El Cristo de la fe viene siempre a visitar a su esposa, y viene personalmente.

Por eso el encuentro es auténtico, tanto en el sacramento como en la oración.

Si por rezar entendemos la espera del *«Dios que viene»* debemos, naturalmente, admitir que *«viene»* no para estar fuera, a la puerta, sino para entrar.

En espera del banquete mesiánico, cuya proclamación y anuncio es la misa, la esposa es admitida al *«festín de la sabiduría»*, que es la contemplación.

En los Proverbios (9, 1-2) se lee: *«La sabiduría ha edificado su casa, labró sus siete columnas, inmoló sus víctimas, preparó su vino e igualmente aderezó su mesa».*

A mi fe vigilante, Cristo responde con su venida: *«Me voy y vuelvo a vosotros»* (Jn. 14, 28), nos dijo en la última cena.

Y he aquí que vuelve para estar con nosotros en nuestra intimidad y para acompañarnos a atravesar la historia.

* * *

Se ha dicho que la espiritualidad del hombre terreno es la espiritualidad del Exodo, es decir, del largo camino que se extiende entre la esclavitud y el gozo de la tierra prometida, poseída y gozada para siempre.

Pues bien, Dios no regala al pueblo peregrinante por el desierto su vacía soledad, sino la seguridad de su Presencia, anunciada por la nube que se cernía sobre el tabernáculo.

Era la señal de la presencia viva de Yavé. Pero era también el anuncio de una presencia mucho más cercana y amorosa que Cristo realizaría en la nueva alianza con la humanidad. Y si en la primera alianza, Dios se sirvió de palabras y de símbolos para convencer al hombre, en la segunda se servirá de un cáliz de sangre, *«el cáliz de la sangre de Jesús, derramada por todos nosotros».*

Ahora bien, ¿quien me ha dado su sangre para hablarme de su amor estará lejos de mí?

Es falta de fe dudar de la presencia de Jesús en mi vida.

Y es igualmente falta de fe el pensar que aquel que me ofrece el cáliz de su sacrificio para beber, no me ofrezca al mismo tiempo su Presencia y amistad.

Por eso levanto una vez más el cáliz de la nueva alianza, lleno de la sangre de mi Dios, y embriagándome de él, le grito con toda mi fe: *«Ven, Señor Jesús».*

primera parte

Dios ha venido desde siempre.
Ha venido con la creación de la luz
y ha venido, sobre todo, en Adán.
Ha venido en Abraham,
pero vendrá más aún en Moisés.
Ha venido en Elías,
pero vendrá más aún en Jesús.
El Dios que viene avanza con el tiempo,
se localiza con la historia
en la geografía del cosmos,
en la conciencia del hombre,
en la persona de Cristo.
Ha venido y seguirá viniendo.

CAPITULO I

> *«Oyeron después los pasos*
> *de Yavé Dios, que se paseaba*
> *por el jardín»*
> (Gén. 3, 8)

Dios viene siempre, y nosotros sentimos sus pasos, igual que Adán.

Dios viene siempre porque es la vida, y la vida tiene la explosividad de la creación.

Dios viene porque es la luz, y la luz no puede permanecer oculta.

Dios viene porque es el amor, y el amor tiene necesidad de entregarse.

Dios viene desde siempre, Dios viene siempre.

Esta noche, contemplando el cielo extraordinario del desierto, he visto el cuerpo celeste más alejado de la tierra que puede divisarse a simple vista: la nebulosa de Andrómeda.

Parecía como una pálida luz fluorescente en forma de lenteja alargada, entre la irregularidad geométrica de Casiopea y el incomparable diamante de las Pléyades. Esa luz de la pequeña lenteja no es de nuestros días. Es de hace un millón de años.

Esta noche he mirado hacia atrás en el tiempo de un millón de años, o sea, de diez mil siglos.

La luz pálida de la nebulosa que ha llegado a mis ojos esta noche ha partido de allá arriba hace un millón de años, a la velocidad de trescientos mil kilómetros por segundo. Ya desde entonces, y sin duda antes, Dios se había movido para salir a mi encuentro.

Pero Andrómeda es la galaxia más cercana a la nuestra y los astronautas ya están acostumbrados a calcular las distancias por decenas de millares de millones de años de luz, que nos separan de las otras galaxias perdidas en la inmensidad.

Hace mucho tiempo que Dios se ha puesto en camino para venir a mí, cuando aún no había nacido. Y conmigo no habían nacido ni el sol, ni la luna, ni la tierra, ni mi historia, ni mis problemas.

Yo no soy un hombre estudioso, pero los hombres estudiosos dicen que la tierra sobre la que ponemos los pies ha nacido hace dos mil millones de años. Después se ha preparado para esperar al hombre en las diversas épocas geológicas en las cuales la creatividad de Dios se ha expresado con todo su poder y dulzura. *«Hubo así tarde y mañana»* (Gén. 1, 5).

Pero entre una mañana y otra, entre una tarde y otra..., ¡cuánto tiempo de por medio!

Período precámbrico: mil quinientos millones de años.

Primario: cuatrocientos millones de años.

Terciario: cincuenta millones de años.

Y, finalmente, el cuaternario, con la presencia del hombre, hace un millón de años.

No haremos demasiado caso de los eventuales y pequeños errores de cálculo, debidos más bien a la debilidad de nuestra vista que a la precisión de la evolución de lo creado, que no se preocupaba de contar, sino de amar, y en el amor la precisión no es lo mismo que en las matemáticas.

* * *

En todo caso, a mí me gusta mirar al cielo y a la tierra. No me parece tiempo perdido.

Cuando voy a rezar al desierto, preparo mi oración con la contemplación de las cosas. Pienso que el Señor las ha puesto allí precisamente para esto.

Cuando era más joven e impaciente, me inquietaba ante los jóvenes scouts, que plantaban la tienda y miraban con curiosidad y afecto el bosque y los pequeños animales que se movían entre las hojas amarillentas. Me parecía una pérdida de tiempo.

Habría preferido verlos en la catequesis de una parroquia.

Aún no estaba maduro y no entendía que el

mejor catecismo es mirar las cosas, porque a través de ellas Dios empieza a hablarnos.

Tal vez fue precisamente por querer asistir al catecismo, sentados y aburridos en los bancos, con fórmulas abreviadas y resúmenes intelectualoides, por lo que hemos destruido todo, y ahora nos encontramos tristes y ausentes ante el misterio de Dios.

¡Cómo me gustaría hoy, después de tantos años, sustituir una lección de catecismo con un paseo por un prado y ofrecer a un muchacho siempre cerrado entre el cemento inhumano de la ciudad el maravilloso descubrimiento de un nido de pájaros!

¿No es, por ventura, la admiración el primer encuentro consciente con el misterio? ¿No está acaso en la admiración el primer nacimiento de la oración?

¿No se encuentra en el poder de admirarse el primer poder de contemplar?

Decía que cuando voy a rezar preparo mi oración mirando al cielo y a la tierra.

Yo añadiría: zambulléndome en el cielo y en la tierra.

Antes de comenzar mi diálogo con Dios exploro el pedazo de tierra donde El me ha destinado.

No es pérdida de tiempo el pasear, mirar, tocar o contemplar las cosas.

Al contrario, hay que ir más allá: vivir las cosas.

No os riais si os digo que he hecho un descubrimiento en este camino de «vivir las cosas».

Y el descubrimiento consiste en entrar en el juego de la creación como en el más maravilloso y sencillo camino para encontrarme con el Creador.

Mientras tanto me preparo para el juego con la libertad más grande que sea posible.

Si viniera, por ejemplo, aquí, al desierto, con un buen traje, me sentiría inmediatamente esclavo del mismo, con el temor acostumbrado de mancharlo o de deshacer la raya de los pantalones.

No, me pongo un traje que me consienta revolcarme en la arena todas las veces que se apodera de mí el gozo de Dios.

Si viniera con diversos aparatos, como electrodomésticos, cama o cosas parecidas, perdería la dicha de recoger la leña del *Oued* y de ver la llama viva entre dos piedras simples y reales, como la creación.

¡Qué magnífico resulta cenar en una olla negra de humo que, apenas la uso, no me roba tiempo alguno y que se contenta con estar en un rincón, silenciosa, como las ancianas de un tiempo!

Pero hay que ir más allá para entrar en ese juego tan serio de la naturaleza.

Es preciso aceptar el viento, el frío nocturno, el calor del día, las molestias, la arena, la salud escasa y las contrariedades, como palabras usadas por Dios para enseñarnos la pobreza y la paciencia y no como motivos de quejas inútiles.

Sobre todo, es menester retornar lo más posible atrás en el tiempo, junto al origen de las cosas, cuando la materia era más visible que la técnica y la belleza de los ocasos estaba más a mano que las comodidades que nos proporciona la civilización del bienestar.

Sí, trato de entrar en las cosas como los hombres primitivos, que vivían en y de la naturaleza y no se planteaban siquiera el problema de la existencia de Dios.

Es verdad que no intentaban demostrarlo, porque lo sentían; Dios estaba allí y hasta ellos llegaba el rumor de sus pasos (Gén. 3, 8).

La existencia de Dios le resulta evidente a todo el que oye sus pasos.

* * *

Sí, ¡es evidente!

La existencia de Dios es evidente. Pero resulta evidente para quien es sencillo, bueno y veraz.

Y nosotros, por desgracia, ya no somos sencillos, ni buenos, ni veraces.

No ser sencillos, ni buenos, ni veraces, significa ser pecadores.

Dios no es evidente para el pecador. O, al menos..., es y no es evidente, según... A este Dios, que es y no es evidente, yo lo llamaría el Dios de la parábola.

Todo es parábola suya, pero yo me quedo perplejo ante la parábola. Veo y no veo, entiendo y no entiendo.

Jesús mismo—siguiendo el método de la naturaleza en su primera revelación hecha al hombre—hablará en parábolas y nos dirá por qué: «*Por esto les hablo en parábolas, porque viendo, no ven, y, oyendo, no oyen ni entienden»* (Mt. 13, 13).

El Dios de las parábolas no es todavía el Dios de la fe, así como el hombre de la naturaleza no es aún el hombre de la gracia. Será precisa una nueva intervención de Dios, una nueva creación para establecer el nuevo trato, y esto forma parte de la historia de la salvación.

Cuando ésta no ha comenzado aún, el hombre siente en la creación *«el rumor de los pasos»* y, a semejanza de Adán, *«huye de la vista de Yavé Dios escondiéndose entre los árboles del jardín»* (Gén. 3, 8).

¿Por qué huye? Porque, al no poseer la antigua inocencia, tiene miedo de estar delante de Dios; porque, habiendo perdido su antigua transparencia, no consigue verlo como es.

Aquí está el verdadero motivo de la dificultad que experimentan los hombres de todos los tiempos para ver a Dios en la creación. Ya no son sencillos ni veraces; esto es lo que se llama pecado.

Si existe una propedéutica de la fe por parte del hombre, ésta le obliga a desembarazarse del pecado, que es su verdadero obstáculo. *«Si no... os hacéis como los niños, no entraréis en el reino de los cielos»* (Mt. 18, 3), nos dice Jesús, con cierta fuerza; y volverse niños significa hacerse transparentes, buenos, veraces.

Cada paso que da el hombre para liberarse de la mentira, de la torpeza, de la violencia, del egoísmo y del orgullo es un paso dado hacia la visión de Dios.

Cualquier esfuerzo practicado para vivir la verdad, para hacer el bien, para respetar la vida es una preparación lejana para el advenimiento de la luz. Y es verdad que la luz vendrá únicamente a impulsos del amor de Dios, pero lo es asimismo que podrá ser acogida por quien ha renunciado a ser tiniebla.

Oíd con qué fuerza atestigua el prólogo del evangelio de Juan esta verdad de la luz que viene y del poder por parte del hombre para no aceptarla.

«En el principio existía el Verbo,
y el Verbo estaba con Dios,
y el Verbo era Dios.
El estaba en el principio con Dios.
Todo fue hecho por él,
y sin él nada se hizo.
Cuanto ha sido hecho
en él es vida,
y la vida es la luz de los hombres;
la luz luce en las tinieblas,
y las tinieblas no la sofocaron.
Hubo un hombre enviado de Dios,
de nombre Juan.
Este vino como testimonio,
para dar testimonio de la luz,
a fin de que todos creyeran por él.
No era él la luz,
sino el testimonio de la luz.
Existía la luz verdadera,
que, con su venida a este mundo,
ilumina a todo hombre.

Estaba en el mundo;
el mundo fue hecho por él,
y el mundo no le conoció.
Vino a los suyos,
y los suyos no lo recibieron».

(Jn. 1, 1-10)

Ya lo vemos: podemos no acogerlo; podemos no querer la luz. Aquí está nuestro verdadero drama. A veces damos la impresión de querer buscar a Dios; llegamos incluso a decirlo, pero en realidad no queremos violentar nuestra comodidad, no queremos efectuar los desgarros debidos.

Decimos que queremos la fe, pero sin abrir la cartera a los pobres; sostenemos que buscamos a Cristo, pero sin comprometernos auténticamente a cambiar de vida, que, no obstante, vemos claramente errada.

Yo me siento con fuerzas para desafiar a cualquier hombre que diga: «Yo busco a Dios y no lo encuentro».

Mira—le diría—, intenta hacer todos los días tus cosas en la verdad, líbrate del demonio del orgullo y de la carga sofocante del egoísmo, arranca todo racismo que exista en ti, acoge a todos los hombres como a hermanos, y... verás... lo verás sin duda.

Porque viviendo el «Amor», haciendo la «Verdad» y respetando la «Vida», tú vives, haces y respetas a Dios, que ya está en ti.

No es que Dios venga a ti ahora que te has

vuelto «bueno»; es que ya estaba en ti, ha venido desde siempre y viene siempre.

Pero ahora puedes verlo porque has purificado tu vista, has endulzado tu corazón, has descendido de tu eminencia.

Recuérdalo: ¡El ya estaba en ti, El ya estaba en ti, El ya estaba en ti!

La única dificultad era que no lo veías.

Y ahora, identificando poco a poco el amor, la luz y la vida con él, lo ves, aunque esté todavía envuelto en la oscuridad de un nacimiento inmaduro y expresado por la misteriosa parábola de las cosas creadas.

CAPITULO II

«Yavé dijo a Abraham:
'Sal de tu tierra'»
(Gén. 12, 1)

El Dios de las parábolas, por mucho espacio
que ocupe en la vida del hombre, está aún muy
lejos de interesarle a fondo.

Es todavía un Dios, que se presenta a través
del velo de los símbolos; un Dios, que te envía
desde lejos una postal, un diseño, un cuadro, una
tarjeta de visita. Es un Dios, que tú imaginas
«vestido de majestad y de esplendor...» (Sal. 104,
1) o *«tomando por mensajeros a los vientos»*
(Sal. 104, 3).

Es un Dios, que va y viene en tu existencia,
que aparece y desaparece, y que, sobre todo, no
logras jamás localizar o aferrar.

Es un Dios en el fondo alejado de ti, aunque
algunas veces te parezca muy cerca. Se diría que

ha decidido no dejarse atrapar por ti o que tú no estás dispuesto aún a dejarte atrapar por él.

Sigue escondido en una historia no pronunciada o en un germen sin abrir.

Luego llega una hora extraordinaria, un paso, un inmenso salto de cualidad, una cosa verdaderamente nueva, una hora que es realmente «hora».

Es la hora de Dios; la plenitud de los tiempos.

Es el paso al Dios de la fe.

Si el Dios de las parábolas era el Dios *me parece que es*», el Dios de la fe es el Dios «que es».

Ya no se presenta como un símbolo, como imagen, razonamiento, belleza, estética, número, espacio o sentimiento; se presenta como persona.

Es el Dios que es, que habla: «*Yavé dijo a Abraham: 'Sal de tu tierra'*» (Gén. 12, 1). El paso es radical, si bien está predispuesto desde siempre por el amor de Dios hacia el hombre; por eso empieza en Abraham la época nueva en la historia de la humanidad, la época de los hombres que tienen fe, la época de los hombres a quienes Dios ha dado el poder de creer en el Dios «*que es*».

El trato de la criatura con el Creador se hace íntimo, se vuelve conciencia, diálogo, plegaria, amistad: «*¿Encubriré yo a Abraham lo que voy a hacer?*» (Gén. 18, 17);

se vuelve revelación o mandato: «*Levanta tus ojos al cielo y cuenta, si puedes, las estrellas... Así será tu descendencia*» (Gén. 15, 5).

Cuando yo rezo, ya no me encuentro ante el

Dios de las parábolas, sino ante el Dios de la fe. Yo rezo a *«Alguien»*, hablo con *«Uno»*.

La situación ha cambiado por completo. El Dios de la filosofía, el Dios de la razón, el Dios de las parábolas ha dejado paso al Dios de la fe, y el Dios de la fe está ante mí como Padre, como Cristo, como Espíritu: siempre como persona.

Mi pobre persona de hombre ha encontrado finalmente al «Otro» y habla con él.

Y el Otro es Dios en su Ser, en su Verdad, en su Amor.

Antes decía que el paso a la fe es radical, absoluto, y sólo Dios es capaz de establecerlo, realizarlo y presidirlo en el hombre. Por eso los teólogos dicen que la fe es un don de Dios.

Por lo demás siempre es así: ¿hay algo que no sea don de Dios?

Incluso en la evolución, si existe la evolución, como parece a la observación científica, en el momento del paso, en el momento en que un grado inferior de viviente se vuelve «homo sapiens», está presente el espíritu creador para alentar en él una realidad nueva, mediante la cual el hombre deja de ser un animal más, para convertirse en hombre.

«Entonces Yavé Dios formó al hombre del polvo de la tierra, le insufló en sus narices un hálito de vida y así llegó a ser el hombre un ser viviente» (Gén. 2, 7).

En efecto, en la plenitud de la historia de los seres vivos creados en la tierra, un haz de nervios y de músculos y un puñado de materia gris se ha convertido en el *hombre sabio* en la plenitud del amor de Dios; ese hombre se convierte en el *«hombre que cree»,* comenzando así una historia, que irá muy lejos, hasta la intimidad perfecta de la criatura con su Creador.

La fe es un don de Dios lo mismo que la vida, como lo es también el paso.

Dios tiene en sus manos el don y lo ofrece cuando quiere, es decir, cuando llega la «hora».

La suya es siempre la hora del amor.

Jesús pronunció una expresión que tendríamos que meditar más para comprender que las cosas, todas las cosas, están en su mano y no en la nuestra: *«Nadie puede venir a mí, si el Padre… no lo trae»* (Jn. 6, 44).

Es realmente necesario que él nos atraiga para comenzar el proceso transformativo y unitivo.

Todo empieza con esta imantación del amor del Padre.

El Padre me atrae, me llama, y yo respondo.

Así nace en mí la fe y se pone en movimiento dentro de mí como un germen vital.

Porque no basta con que nazca, que se deposite como feto vital en el alma de un niño al bautizarlo. Es menester que se desarrolle, que se mueva y se nutra, y esto también depende de mí.

Si no respondo a la palabra de Dios, la fe se queda en mí como un aborto; si no la activo con mi esfuerzo y el ejercicio de las virtudes, permanece inmadura y débil, como los miembros de un paralítico; si no la alimento con la comida de la unión con Dios, se vuelve una sombra macabra, más apta para asustar a los inquilinos de la casa que para alegrar con su presencia el banquete de los hombres.

* * *

Mediante la fe el hombre ha tomado conciencia del Otro. El amigo ha descubierto al amigo, la prometida ha contemplado al prometido, el hijo ha conocido a su padre.

Así comienza la vida de relación, porque la fe es la posibilidad que Dios nos ha dado de ponernos en relación vital y consciente con El.

Cuando creo, hablo con Dios; cuando creo, escucho a Dios, veo a Dios.

La vida de fe es la cosa más extraordinaria que existe en la tierra y ensombrece todos los demás dones obtenidos con anterioridad, como el don de volverse hombre ensombrece el de haber nacido a la luz.

Con la fe me hago partícipe de la vida de Dios, entro en una nueva órbita: la órbita de Dios.

Con la fe traspaso los cielos, viajo por el invisible, venzo el peso de mi naturaleza de hombre, supero mi debilidad y me hago hijo de Dios.

Es esto tan extraordinario que no tiene límites en su grandeza y en sus posibilidades de desarrollo.

La fe me ayuda a vencer el temor y supera la muerte; es invencible.

San Juan afirma: *«Y ésta es la victoria que ha vencido al mundo: nuestra fe»* (1 Jn. 5, 4).

En efecto, ¿qué he de temer si Dios es mi Padre?

¿Qué cálculo me puede dejar perplejo si termina con el cálculo más extraordinario que se puede imaginar: el de la vida eterna, el de la plenitud del reino, el de la resurrección de los muertos, el del ágape con toda la humanidad redimida y con Dios mismo presente a la mesa?

Mediante la fe sé ahora lo que he de creer, querer o hacer.

Mediante la fe me hago «Uno», soy llamado por el nombre por Dios mismo y es él quien me manda.

En efecto, con la fe nace mi vocación: *«Yavé dijo a Abraham: 'Sal de tu tierra'»* (Gén. 12, 1).

Y en compañía de Abraham salgo yo también de mi vieja tierra y voy hacia la tierra prometida, que es Dios mismo.

CAPITULO III

«Probó Dios a Abraham»
(Gén. 22, 1)

Es fácil entender que la fe es un riesgo, pero se aprende muy tarde cuál es el precio de este riesgo.

Toda la paciencia de Dios se ejercita con nosotros, alumnos difíciles, para hacernos aceptar algún riesgo.

Pero no se trata sólo de alumnos difíciles; se trata de la dificultad que existe en comprometerse a fondo por un sendero, que es de los más ásperos que existen.

Yo creo que no existe en el mundo un oficio tan difícil como el de vivir de fe, de esperanza y de amor.

Se trata en el fondo de dar un salto en la oscuridad o, para ser más precisos, un salto en el Invisible.

No resulta fácil.

Yo hace tiempo que me he acostumbrado, y, sin embargo, he de deciros que tiemblo siempre ante la novedad de un nuevo salto, que me propone la presencia de Dios en mi conciencia.

Yo diría que es como el dolor; mejor, como la muerte: no nos acostumbramos jamás.

Hallarse ante un pozo oscuro y oír que te dicen: «Cierra los ojos y tírate», no resulta fácil para nadie.

¿Y si el pozo no tiene fondo?

¿Y si nadie me sostiene?

Aun cuando venga en tu ayuda la esperanza, reclamándote a la memoria: «*Escucha, Israel...; escucha, Israel. Yo soy Yavé, tu Dios, que te ha sacado de la tierra de Egipto. Yo seré tu único Dios*» (Dt. 5, 6-7), y la experiencia adquirida en todos los demás innumerables saltos dados en la vida sin hacerte daño, es más, experimentando la dicha inmensa de que en ese instante has palpado la presencia de Dios, cada vez que tienes que empezar, sientes miedo.

Es inútil ocultárnoslo: la fe es una prueba, una tremenda prueba, que tiene como paradigma la muerte misma, y nadie puede evitárnosla, ni siquiera Dios.

Cabría preguntarse, y no pienso equivocarme, si no hay nada que le interese a Dios a nuestro respecto más que este vernos inmersos en este acto de fe. El es como un amante, que espera mi-

rando por la ventana la llegada ansiosa del
amado.

Es como el padre, que goza viendo correr a su
hijo entre la muchedumbre hacia él, lleno de
anhelo.

Porque no hemos de olvidar que la fe no está
desligada del amor y, en lo más profundo, es la
prueba del amor; yo diría que la primera.

«Sin la fe es imposible agradar a Dios» (Heb.
11, 6).

La primera prueba del amor es creer en el
amado.

La primera prueba del amor es creer en su
presencia.

Si no creo en su presencia, ¿cómo puedo comunicarme con él?

Si no creo en su presencia, ¿cómo puedo hablar con él?

Tener fe es creer que Él está allí, delante de
mí, con todo su amor y omnipotencia.

Tener fe es creer que Él llena todo el espacio
y que ningún salto podrá arrojarme lejos de sus
brazos.

Tener fe es creer que Él lo sabe todo y recorre
antes que yo y de mi llegada la infinita y com-
plicada trama de mi existencia, para terminarla
como problema siempre nuevo y resuelto por su
amor infinito: mi entrada definitiva en su reino.

Todo esto, y mucho más, significa creer en
Dios.

He dicho que sólo aprendemos muy tarde a
conocer el precio del riesgo de la fe, porque sólo

nos proponemos el tema de la muerte muy tarde también.

Porque creer—y aquí está lo difícil—significa verdaderamente morir.

Morir a todo: a nuestro razonamiento, a nuestros planes, a nuestro pasado, a nuestros deseos infantiles, a nuestro apego a la tierra y algunas veces también a la luz del sol, como en el momento de nuestro tránsito.

Por eso es tan difícil; tan difícil como para arrancar a Jesús una queja sobre nosotros y sobre nuestras dificultades para creer: *«¡Oh, si tú pudieras creer!»*

Porque ni él mismo puede sustituirnos en el salto; hemos de darlo nosotros.

He dicho que es como morir; y cuando nos toca a nosotros, nadie puede sustituirnos.

El acto de fe maduro es terrible y exclusivamente personal, y su riesgo nos alcanza hasta la medula. El prototipo más grande y verdadero que nosotros poseemos, como pueblo de Dios, de este acto de fe, está en la Biblia y se refiere a la prueba de Abraham.

Dios dijo a Abraham: *«Toma ahora a tu hijo, el único que tienes, al que tanto amas, Isaac, y ve a la región de Moriah y allí lo ofrecerás en holocausto en un monte que yo te indicaré»* (Gén. 22, 2).

He aquí un salto en la fe pura, que se le propone a Abraham.

Es un acto personal y un acto mortal.

Quien no ama no puede entender una pro-

puesta semejante; es más, se escandaliza... y
cómo...

Pero ¿quién ama?

Quien ve a Dios envolviendo la gigantesca personalidad de este patriarca, solo, en el desierto,
junto a su tienda..., sin duda, no se escandaliza;
al contrario...

Ese Dios que quiere comunicarse a lo más profundo del ser de Abraham, que quiere arrebatarlo
a sí mismo, a su posibilidad de replegarse sobre
sus cosas como sobre una posesión egoísta, que
quiere hacer «*más suya*» la criatura que ya es
suya, su hombre, destinado no a las tiendas de
la tierra, sino a la del cielo, ese Dios le pide una
prueba absurda, como es absurdo el amor cuando no se vive, pero resulta tan verdadero e inexorable cuando se posee. «*Ve, dame a tu hijo...*»
(Gén. 22, 2).

Yo creo que en aquel alborear los ángeles del
cielo se atropellaban en todos los agujeros del
empíreo para mirar el monte sobre el que un hombre se preparaba para efectuar un rito de amor
tan trágico y radical.

Yo creo que, a la salida del sol de aquella fría
mañana de oriente, el espacio que había en torno
a Abraham estaba moteado de ojos invisibles de
todos los muertos anteriores a él, preocupados
por ver cómo iba a parar aquello.

¡Qué drama en el pobre corazón de aquel
hombre!

Dios había pedido lo máximo que se podía
pedir.

¡Oh, si Abraham hubiera tenido que sacrificarse a sí mismo, habría sido más fácil!

El acto puro de fe es el acto de muerte sobre la cosa más amada que se puede ofrecer al amado, porque sólo el amor es más fuerte que la muerte.

«Ponme como sello sobre tu corazón, como sello sobre tu brazo; porque es fuerte el amor como la muerte... Aguas inmensas no podrían apagarlo» (Cant. 8, 6-7).

No, las riadas del pensamiento y de la razón ante la absurdez de la respuesta; las riadas del sentimiento ante el afecto de Isaac no apagarán en el corazón de Abraham el acto de amor que lo liga a su Dios, el *«amado sobre todas las cosas»* y el vértice absoluto de todo valor.

Dios es Dios, y Abraham corre el riesgo hasta el fondo.

Pero Dios es Dios, y llena todo el espacio racional e incluso el espacio que el hombre estima irracional.

Dios es Dios, y lo concilia todo en el amor por su criatura, sin permitir que se haga el mal en el acto de amarlo a él.

Porque, podemos repetirlo infinitas veces sin cansarnos nunca: la fe no está desligada del amor ni de la esperanza.

En el punto extremo de la prueba, cuando el hombre trata de horadar el invisible con la afilada lanza de todas sus posibilidades, se percata de que las tres virtudes teologales: fe-esperanza-amor, son una sola cosa y tienen tal poder de penetración que son capaces de trastornar el universo entero.

46

En el monte Moriah, en la prueba de Abraham, el hombre abrazó a Dios como jamás lo hiciera, y la experiencia de tal abrazo se reflejará en la historia religiosa del mundo como la epopeya de un amor más grande que la infinita fragilidad del hombre.

No por nada terminará este trágico rito de amor con una extraordinaria promesa de Dios.

«Juro por mí mismo, palabra de Yavé, que, por cuanto has hecho esto y no me has rehusado a tu único hijo, te colmaré de bendiciones y multiplicaré tanto tu descendencia que será como las estrellas del cielo y como la arena que hay a la orilla del mar, y tu estirpe poseerá las puertas de sus enemigos. Por tu descendencia serán benditas todas las naciones de la tierra, porque obedeciste mi voz» (Gén. 22, 16-18).

* * *

Yo no sé si a lo largo de mi vida me propondrán un acto de fe tan duro como el que se le propuso a Abraham. Creo que no, porque soy pequeño y débil.

Pero sé desde este mismo momento que se me propondrá uno de la misma naturaleza: *mi muerte.*

Por eso he dicho que el precio del riesgo de la fe es la muerte misma.

Y que ¡es personal!

Y que ¡es mía!

Me hace reír la cháchara de los hombres, cuando tratan de desviarme del verdadero problema.

Soy yo el que tengo que morir.

Y morir es un salto en la oscuridad al que tengo que acostumbrarme poco a poco.

Cada acto de fe, que hago de vivo, me entrena para este duro paso y, sin duda, no son los razonamientos los que resuelven el problema. Y tampoco me resuelve el problema la consideración de que el cristianismo está hecho para distribuir la tierra a los campesinos y para animar cualquier movimiento de liberación. Esta distribución que he hecho de mi tierra a los pobres, esta liberación de los pueblos a la que he contribuido con todas mis fuerzas, son sólo el comienzo y el bono de una distribución más radical y de una liberación mucho más absoluta que la muerte me impone.

En el momento exacto de mi muerte he de cumplir un acto tan irracional para quien ha visto solamente la tierra—tan doloroso para quien está sólo apegado a ella—, tan escandaloso para quien cree poco en el Absoluto que se quedará aterrado y petrificado por el temor.

Espero, sin embargo, que no sea así.

Espero que no sea así, porque me aferro a la fe como a la única tabla de salvación.

Porque mientras respire, día y noche afilaré mis armas para la extrema agonía.

Porque digo a todas horas: «*Creo, Señor, pero aumenta mi fe*» (Mc. 9, 24).

¡Cómo cambia todo cuando tengo fe!

En efecto, morir en la fe es efectuar sobre nosotros el acto de amor más sublime que pueda imaginarse.

Echarse de cabeza «en los infiernos», con la certeza de arrojarse en los brazos de Dios, es rendirle de verdad un culto de amor digno de él.

Saltar el muro del Invisible con la fe en su presencia, es la victoria más grande de mi vida y la respuesta más grata para su corazón de Padre.

CAPITULO IV

> «'¡Moisés! ¡Moisés!', clamó Dios.
> 'Heme aquí', respondió»
>
> (Ex. 3, 4)

El Dios de la fe no es un Dios silencioso, un Dios inactivo o un Dios ausente.

Ante ti, persona, es persona; ante ti, vida, es vida; ante ti, amor, es amor. Es el Otro, que te busca.

Es el que te ha buscado desde siempre.

Y es el Otro, que tú también buscas, aun cuando—y sucede con frecuencia—te parezca que haces todo lo contrario.

En el fondo yo pienso que todo lo que hacemos en esta tierra tiene este solo móvil: buscar al Otro.

Lo buscamos primeramente en las cosas y después en las criaturas con relaciones cada vez más íntimas, hasta que, en la madurez de la fe, se nos presenta el Otro como el Trascendente y se vuelve Presencia autónoma, desvinculado de las cosas y de las criaturas, más allá de las cosas: el Absoluto.

No insistiremos nunca lo bastante en precisar que este comienzo de la vida de fe está presidido por Dios; es su don, y no podemos anticiparlo un solo instante, aunque acumulemos montañas de virtud.

Es don gratuito.

Es el Dios que viene como el sol por la mañana: cuando es hora.

A nosotros nos toca la actitud vigilante de la espera, la aceptación de ser criatura, no creador.

Porque aquí está todo: la creatividad es de Dios, no del hombre.

El hombre no puede crear nada, sólo puede aceptar.

Si Dios no llama, no existe vocación; si Dios no viene, no hay historia.

La historia es la venida de Dios al hombre y el modo como el hombre responde.

Solamente Dios ha creado el cielo y la tierra; sólo Dios crea la historia. Y, aun cuando el hombre la realiza con su respuesta, sigue siendo verdad que la inspiración, el designio y la fuerza para realizarlo vienen de él.

En una palabra: está presente él, que es la creatividad, y estamos presentes nosotros, creaturas en devenir.

El pecado, de cualquier género que sea, es siempre la exclusión de Dios por parte nuestra.

¡Y es cosa fácil!

¿Tal vez por tratarse de «*un Dios escondido?*» (Is. 45, 15).

¿O quizá porque nuestro ojo no está limpio ni nuestro corazón es puro?

Hoy hay muchos que no lo excluyen por completo, pero lo ven identificado con el hombre o con la acción liberadora de la humanidad, con la historia o con el todo.

Podría parecer así, pero no es así.

Si digo con Teilhard de Chardin que «*Dios está en la punta de mi lápiz o en la reja de mi arado*», quiero decir que entre la inspiración y la realización, entre la vocación y la historia de cada uno debe existir el menor espacio posible.

«*Quita el espacio*», me dicen, y estaremos de acuerdo.

No, afirmo yo. Entre él y yo hay siempre un espacio, aunque no sea más que el espesor de la placenta en que yo estoy envuelto como feto en su seno.

Yo soy yo, y él es él.

Yo soy hijo, y él es Padre.

Yo soy quien espera, y él quien viene.

Yo soy quien responde, y él el que llama.

En efecto...

«*'¡Moisés! ¡Moisés!', clamó Dios.*

'Heme aquí', respondió» (Ex. 3, 4).

Es extraño cómo muchos cristianos de hoy, que, sin embargo, consultan diligentemente la Biblia, encuentran dificultad para descubrir y vivir el «personalismo» de Dios.

El Dios de la Biblia no deja duda alguna sobre este punto. Es siempre el Dios personal.

Es el Dios de Abraham, de Isaac y de Jacob. Es el Dios de Jesús, es el Dios que llama, que manda, que reprende y acaricia.

Es voz que habla, oído que escucha y ojo que ve.

Todos están de acuerdo en decir que la espiritualidad del hombre sobre la tierra es la espiritualidad del Exodo. ¿Cómo es, pues, posible no descubrir en el Exodo a los dos: a Dios y al hombre?

¿Al Dios que proyecta el plan de la salvación para su pueblo, y al pueblo que se pone en marcha dejando Egipto?

¿Al Dios que llama a Moisés al monte para darle las Tablas de la ley, y a Moisés que permanece en el monte envuelto en la teofanía de Yavé?

¿Al Dios que recomienda no ser idólatras, y al hombre que cae en la idolatría adorando al becerro de oro?

Los dos, siempre los dos: Dios y el hombre, yo y el Otro, el Hijo y el Padre, la esposa y el esposo, el amigo y el amigo, el hermano y el hermano.

¡Presencia!

¡Diálogo!

¡Oración!

O ¿tal vez porque es comprometido experimentar su presencia, he de concluir que no está presente?

O ¿por ventura por haberme vuelto mudo y sordo, tengo que afirmar que no existe diálogo entre él y yo?

O ¿acaso porque hace años que no rezo, tengo que convencerme de que la oración no sirve de nada?

Es verdad que cuando decido una cosa, hago una cosa, tengo la neta impresión de ser yo quien decido y la hago. Pero no he de concluir con demasiada facilidad que ha faltado la inspiración y que la fuerza de la ejecución viene de mí y de mí sólo.

Hace falta tiempo para distinguir dentro de nosotros las dos cosas, los dos momentos: el de la inspiración y el de la respuesta, el de la gracia y el de la fe.

Pero llega este tiempo, y cuando llega nos convencemos de que no hay nada en nosotros que no haya venido de Dios.

Todo procede de él, todo nace de él, todo es creado por él.

A nosotros nos corresponde aceptar, ejecutar y contemplar.

La creatividad es de Dios.

La colaboración es nuestra.

La llamada es de Dios.

La respuesta es nuestra.

Por lo demás, si elimináis el drama de ser dos, ¿dónde va a parar el amor, que es la explicación de todo?

Para amar hay que ser dos o estar cerca.

Quien ya no siente a Dios cerca de él ni sabe dialogar, llorar, pedir o gritar, está destinado a la tristeza, que es el primer signo de desmoronamiento.

La persona no se realiza sola jamás.

Tiene siempre necesidad de alguien o de algo, hasta llegar a Dios, hasta llegar a la plenitud del banquete celestial, donde estaremos todos, y todos en Dios.

Hasta esa hora no estaremos plenamente realizados.

Por esto se sufre en la tierra, porque el sufrimiento es una tensión, una agonía hacia la unidad que es la plenitud y la exultancia de haber encontrado por fin al Otro.

Dios mismo, de quien somos imagen, no es un Dios solo.

Un Dios solo sería un solitario, no un Dios Amor.

La Trinidad de Dios es la plenitud del amor, de la comunicación, del don.

Jesús, en el Evangelio, no hace más que referirse a Otro, al que llama Padre suyo, y dice palabras que no deberían dejar duda sobre la comunicación de las dos personas divinas: *«Mi alimento es hacer la voluntad del que me envió y completar su obra»* (Jn. 4, 34). Y añade: *«No he venido de mí mismo, sino que me envió el que es veraz»* (Jn. 7, 28).

«Nada hago por mi cuenta, sino que digo lo que me enseñó el Padre» (Jn. 8, 28). Más todavía: *«El que me ha enviado está conmigo, y no me deja solo, porque yo hago siempre lo que le agrada a él»* (Jn. 8, 29).

* * *

Aquí está la naturaleza y el significado de la vocación para Moisés, para mí, para cada uno de nosotros: *«El que me ha enviado está conmigo, y no me deja solo, porque yo hago siempre lo que le agrada a él».*

No podría haber palabras más fuertes y al mismo tiempo más dulces: *«Yo hago siempre lo que le agrada a él».*

Y esto es solamente posible si creo que *«él está conmigo, y no me ha dejado solo».*

CAPITULO V

> *«Levántate y come, pues te resta*
> *un camino demasiado largo para ti»*
> (1 Re. 19, 7)

El Dios que es, el Dios que me busca desde siempre, el Dios que se pone en relación conmigo como Presencia, como vocación, como guía, no se contenta con decirme algo, con indicarme algo o con pedirme algo. Hace mucho más.

El, que es vida, sabe que su criatura no puede hacer nada sin él; sabe que su pequeño moriría de hambre sin su pan.

Pero el pan del hombre es Dios mismo, y Dios se da a sí mismo para alimentar al hombre.

Sólo la vida eterna puede alimentar al hombre destinado a vida eterna.

El pan de la tierra puede alimentarlo sólo para

la tierra que termina; puede sostenerlo tan sólo hasta la frontera del Invisible.

Si el hombre quiere horadar la frontera del Invisible, no le basta con el pan de sus campos; si quiere recorrer los senderos del Invisible, debe alimentarse con un pan que viene del cielo.

El pan que viene del cielo es Dios, y Dios se convierte en alimento del hombre que camina hacia el Invisible. En la historia de Elías, del I libro de los Reyes, se encuentra la más preciosa indicación del plan de Dios respecto al hombre, la más extraordinaria aventura del hombre que busca apasionadamente a Dios y que se deja llevar por las misteriosas calzadas de la contemplación, más allá de las cosas, más allá de sí mismo, más allá de la historia humana, más allá de la frontera, con un alimento proporcionado por Dios mismo.

Como Abraham es el jefe de la raza de los hombres que creen, como Moisés es el símbolo de quien avanza por el propio Exodo camino de la tierra prometida, así Elías es el prototipo de quien se adentra más allá de las visiones terrenas, más allá de la meditación y del razonamiento, más allá de la concepción humana de las cosas de Dios.

Pensemos un momento en él. Elías es un hombre comprometido, y comprometido hasta el fondo; animado por el celo de Yavé, ha hecho todo lo que ha podido y debido—y tal vez incluso más—para establecer el tipo de «parroquia» conforme a sus sueños y a su visión del bien.

Ha liquidado a los enemigos de Yavé, pasado

a filo de espada a los sacerdotes de Baal, establecido una espiritualidad de poder y de gloria, puesto orden en el pueblo...

Y habría muerto feliz como un párroco de esta tierra clerical, donde las prostitutas son arrastradas por la policía y los niños malos encerrados en colegios por los reverendos padres.

Pero...

Sí, Dios tiene otra visión de las cosas; su plan es diverso, su sensibilidad... más fina. El no se preocupa sólo de la policía que limpia las calles con oportunas redadas de malos; se preocupa de los malos que son hijos suyos a todos los efectos y que deben ser convertidos, no destruidos.

La revelación de un Dios Amor iba netamente más allá del razonamiento de Elías, lo mismo que de los primeros habitantes de la tierra.

Es más fácil, y más consonante con la malicia del hombre, pensar en Dios como en el fuerte, en el invencible, en el castigador, en el Dios de los ejércitos.

Y he aquí que Dios arrastra a Elías más allá de sus ideas.

Mientras tanto, lo pone en crisis, lo hace débil, porque es muy difícil explicarse con quien vence, con quien siempre tiene razón, con quien está bien instalado.

Elías pierde.

Los poderosos se ponen contra él e incluso lo amenazan de muerte.

Y helo en los confines del desierto, abatido bajo un enebro, diciendo a su Dios: *«¡Ya basta, oh Yavé! Toma mi vida, pues no soy yo mejor que mis padres»* (1 Re. 19, 4).

El hombre que está en crisis empieza a vomitar lo que le pasa; en general, su orgullo herido.

«No soy mejor que mis padres». En efecto, Elías se creía mejor que los otros. Había trabajado muchísimo por Dios, pero se había mezclado a sí mismo con Dios, había mezclado su éxito y su triunfo.

¡Es tan hermoso ver el triunfo de Dios alineado en procesión tras de él! ¡Cuánto gusta este nuestro triunfalismo, camuflado tras el triunfo de Dios!

Pero no basta.

El hombre que está en crisis comienza a exagerar y se pone a recorrer un camino diverso del primero.

Si antes exageró en la acción, ahora maldice la acción. Si primero hacía demasiado, ahora, que está derrotado, no quiere hacer nada.

Se cierra en su aislamiento.

«¡Ya basta, Señor!...»

En cambio, el Señor empieza:

«Levántate y come...»

Y encuentra un pan misterioso junto a su cabecera.

«Levántate y come, pues te resta un camino demasiado largo...»

Este alimento, proporcionado a Elías al borde del desierto, es el símbolo de un alimento que nutrirá al hombre: el Sacramento.

Y lo nutrirá de vida eterna, capaz de ir más allá de las fronteras del mundo.

La frontera está representada por el desierto.

«Y Elías caminó cuarenta días y cuarenta noches hasta el monte de Dios, el Horeb» (1 Re, 19, 8).

Cuarenta en estilo bíblico significa mucho...

Se requiere paciencia para atravesar el desierto; es preciso esfuerzo en la purificación que el desierto nos depara.

Desierto significa ante todo «abandonar».

Sí, abandonar las tonterías con que hemos querido construir nuestra pobre existencia; abandonar nuestras ideas, a las que estábamos tan tercamente ligados; abandonar, sobre todo, una actitud nuestra ante el cielo y la tierra, y así expresada: «¡Tenía razón! ¡Ya veréis que tenía razón!»

No, para llegar a la contemplación del rostro de Dios es necesario precisamente perder la razón. Y no sólo la idea de haber tenido razón, sino la razón misma.

Mientras razones, no estarás preparado para la visión de Dios.

Por eso la meditación empieza cuando ya no meditas ni preguntas, sino... que *te dejas llevar*.

«Déjate llevar», dice una cancioncilla, *«por quien te conoce»*, y es, sin quererlo, el título que cada uno de nosotros puede escribir en un capítulo importante de su propia existencia: el capítulo en que entra la contemplación.

Déjate llevar...

Elías se deja, finalmente, guiar, y, al llegar al Horeb, después de la purificación del desierto, está preparado para la revelación de Dios.

«'Sal, y quédate de pie en la montaña ante la presencia de Yavé'.

Y he aquí que Yavé pasó. Sopló un viento fuerte e impetuoso, que descuajaba los montes y quebraba las peñas delante de Yavé; pero Yavé no estaba en el viento.

Después del viento, un terremoto; pero Yavé no estaba en el terremoto.

Tras el terremoto, un fuego; pero Yavé no estaba en el fuego.

Y al fuego siguió un ligero susurro de aire.

Al oírlo Elías, cubrióse el rostro con su capa y, saliendo fuera, se quedó en pie a la entrada de la gruta.

Y he aquí que una voz le preguntó: '¿Qué haces aquí, Elías?'» (1 Re. 19, 11-13).

La naturaleza del sacramento es sobrenatural; la naturaleza de la contemplación es pasiva.

Viene del más allá de las cosas. Cuando contemplo, no busco dentro de mí, sino ante mí.

¿Qué me importan las ideas? Las conozco, y mueren una tras otra.

Lo que me interesa en la contemplación es una idea que no muere, y ésta viene de Dios.

Por esto creo en la contemplación.

Me gusta más un centímetro de trascendencia que kilómetros de razonamientos.

Al máximo, antepongo el razonamiento.

¡Toda mi vida ha sido un razonamiento! Ahora trato de prescindir de él cuando estoy delante de Dios y me gusta dejarme llevar.

Prefiero hacer como Elías: esperar su venida en la gruta del Horeb.

La contemplación, que es pasiva, es la venida de Dios a nosotros como conocimiento. Dios se hace conocer *«como es»*, no como puede parecernos desde fuera.

Es en la contemplación donde realizo la plenitud de mi vida terrena y me nutro de auténtica vida eterna, precisamente por estar destinado a la vida eterna.

Todo lo demás llegará, porque es bien poca cosa comparado con la vida eterna. *«Buscad primero el reino de Dios y su justicia, y todo eso se os dará por añadidura»* (Mt. 6, 33).

No, no se realizará Elías a sí mismo en el fuego, en el terremoto o en el viento, sino en el silencio. Ese silencio honrado por la presencia de Dios, donde has sentido tu alma reducida a una débil caña. Pero una caña capaz de llenarse del rocío de Dios y de convertirse en espiga para el granero de Dios.

* * *

Sí, es así exactamente.

Si me preguntaseis cómo se me ha revelado Dios, os respondería: *«Se me ha revelado como novedad»*.

Yo no soy novedad, yo soy la vejez. Todo lo que hay en mí es viejo, aburrido, repetido.

Pero cuando busco el rostro de Dios, hallo la novedad.

Dios es el eternamente nuevo.

Dios no se repite jamás.

Cuando rezo, busco la novedad de Dios; cuando contemplo, aspiro su novedad.

Es la única cosa que no me aburre jamás.

Por eso entiendo que, si no rezo, me hallo contra el muro de mi vejez; si no contemplo, no poseo profecía; si no absorbo la vida divina, pierdo el carisma.

Y ¿quién soy yo sin la novedad de Dios?

¿Quién soy yo sin profecía?

¿Para qué sirvo sin el carisma?

CAPITULO VI

«Suéltame,
que raya ya el alba»
(Gén. 32, 27)

La revelación del Dios amor, no violencia, comunicación no terremoto, novedad no vejez, es
sólo el comienzo, no el término del plan de Dios
sobre el hombre.

Dios quiere hacerse tan sólo conocer por su
creatura; quiere darse.

Todo el proceso de la deificación del hombre
sobre la tierra termina con una unión tal que el
matrimonio es solamente su imagen.

«Te desposaré conmigo para siempre; te des-
posaré conmigo en la justicia y en el derecho, en la
benignidad y en el amor; te desposaré conmigo

en la fidelidad, y tú conocerás a Yavé» (Os. 2, 21-22).

Si le preguntáis a un místico, que haya hecho la experiencia de Dios, cuál es el libro más bello de la Biblia, no dudará en responderos: el *Cantar de los Cantares,* porque representa de cerca la epopeya de amor entre Dios y el hombre.

> *«¡Béseme con los besos de su boca!...* (Cant.
> [1, 2)
> *porque es fuerte el amor como la muerte»*
> [(Cant. 8, 6)
> ... ...
> *«¡Qué bella eres, amada mía,*
> *qué bella eres!*
> *Tus ojos, de paloma,*
> *a través de su velo»* (Cant. 4, 1).
> ... ...
> *«Me robaste el corazón,*
> *hermana mía, esposa,*
> *me robaste el corazón»* (Cant. 4, 9).
> ... ...
> *«Yo dormía, pero mi corazón velaba...»*
> [(Cant. 5, 2).

San Juan de la Cruz, que es quizá el místico más grande que conozcamos, no dudará en construir su Cántico espiritual sobre el mismo paradigma del libro bíblico, y cantará así:

Esposa

Buscando mis amores,
iré por esos montes y riberas,
ni cogeré las flores,

66

ni temeré las fieras
y pasaré los fuertes y fronteras.

¡Ay, quién podrá sanarme!
Acaba de entregarte ya de vero,
no quieras enviarme
de hoy más ya mensajero,
que no saben decirme lo que quiero.

Mas ¿cómo perseveras,
¡oh vida!, no viviendo donde vives,
y haciendo por que mueras
las flechas que recibes
de lo que del Amado en ti concibes?

¿Por qué, pues has llagado
a aqueste corazón, no le sanaste?
Y, pues me lo has robado,
¿por qué así lo dejaste
y no tomas el robo que robaste?

Apaga mis enojos,
pues que ninguno basta a deshacellos,
y véante mis ojos,
pues eres lumbre de ellos,
y sólo para ti quiero tenellos.

Descubre tu presencia
y máteme tu vista y hermosura,
mira que la dolencia
de amor, que no se cura
sino con la presencia y la figura.

Esposo

Vuélvete, paloma,
que el ciervo vulnerado

por el otero asoma
al aire de tu vuelo, y fresco toma.

Esposa

Mi Amado, las montañas,
los valles solitarios nemorosos,
las ínsulas extrañas,
los ríos sonorosos,
el silbo de los aires amorosos.

La noche sosegada,
en par de los levantes de la aurora,
la música callada,
la soledad sonora,
la cena que recrea y enamora.

Esposo

Entrándose ha la esposa
en el ameno huerto deseado,
y a su sabor reposa,
el cuello reclinado
sobre los dulces brazos del Amado.

Esposa

Nuestro lecho florido,
de cuevas de leones enlazado,
en púrpura teñido,
de paz edificado,
de mil escudos de oro coronado.

En la interior bodega
de mi Amado bebí, y cuando salía
por toda aquesta vega,
ya cosa no sabía,
y el ganado perdí que antes seguía.

Allí me dio su pecho,
allí me enseñó ciencia muy sabrosa,
y yo le di de hecho
a mí, sin dejar cosa,
allí le prometí de ser su esposa.

Mi alma se ha empleado
y todo mi caudal en su servicio:
ya no guardo ganado
ni tengo ya otro oficio,
que ya sólo en amar es mi ejercicio.

Pues ya si en el ejido,
de hoy más no fuere vista ni hallada,
diréis que me he perdido,
que andando enamorada,
me hice perdidiza y fui ganada.

Cuando tú me mirabas,
su gracia en mí tus ojos imprimían:
por eso me adamabas
y en eso merecían
los míos adorar lo que en ti vían.

Gocémonos, Amado,
y vámonos a ver en tu hermosura
al monte o al collado
do mana el agua pura;
entremos más adentro en la espesura.

Y luego a las subidas
cavernas de la piedra nos iremos,
que están bien escondidas,
y allí nos entraremos
y el mosto de granadas gustaremos.

Allí me mostrarías
aquello que mi alma pretendía,
y luego me darías
allí tú, vida mía,
aquello que me diste el otro día.

El aspirar del aire,
el canto de la dulce filomena,
el soto y su donaire,
en la noche serena,
con llama que consume y no da pena.

(Cántico Espiritual)

En efecto, si no fuera verdad podríamos decir que ha sido la locura más grande del hombre el pensar en una relación con el Real, con el Absoluto, con un Dios tan íntimo, tan absorbente, tan definitivo.

Pero es verdad, ¡no es una locura!

Es el fruto de la inconmensurable misericordia del Creador, es la dimensión de su divino amor por el hombre y una de las pruebas de lo que Dios supera al hombre en el encanto del plan de la salvación.

Es verdad que siempre hallarás gente de buen sentido, que se escandaliza al leer el Cantar de los Cantares; es más, querría prohibírselo a los jóvenes como lectura peligrosa, pero... ¡es lo mismo!

¿No hubo, por ventura, un tiempo en que la misma Biblia era considerada como un libro peligroso? Por temor de que fuera indigesta, se había llegado a la prudencia de hacernos morir de hambre. Pero dejemos el pasado y volvamos al presente, dejemos los errores y volvamos a la verdad.

Dios quiere entregarse al hombre. Dios llamará a su pueblo esposa suya, e Israel, que es el nombre de todos los que creen en Yavé, se vanagloriará de ser la esposa de Yavé.

Por lo demás, podríamos preguntarnos cuál es el fin del amor. ¿No es, tal vez, la unión?

¿El don de sí mismo? ¿La mutua y exultante fruición del Otro?

Y ¿no es el Dios Amor el que ha marcado el universo entero con este sello suyo?

¿No es acaso el amor el canto más universal de lo Creado?

Y ¿queréis quizá que la experiencia que la humanidad ha construido y vivido en esta tierra con un hijo, con un amigo, con un hermano, con la madre o con la esposa termine así en el hielo solitario de la tumba?

Si fueseis vosotros quienes construyeseis las cosas, si hubieseis trazado el plan de la creación, ¿habríais dado la última palabra a la muerte?

¿No habríais procurado que el amor continuase más allá de las cosas, más allá de la muerte?

Y Dios ¿será menos que nosotros a la hora de inventar?

¿Tendrá menos deseos de hacer felices a todos?

No, hermanos; estad tranquilos; venced vuestro pesimismo; el amor seguirá después de la muerte; es más... será mayor.

Mientras tanto, será más purificado. Habrá tenido todo el tiempo necesario para liberarse de las escorias pesadas del egoísmo, del miedo, de la introversión, de los celos... pero permanecerá, permanecerá sin duda. Porque el amor es el fin de la existencia.

El fin de nuestra vida es el Reino de Dios, que es precisamente el ágape final, el banquete eterno de las nupcias del Cordero.

Y ¿quién será la esposa sino Israel, la humanidad, cada uno de nosotros?

Toda la Biblia no es otra cosa que el anuncio, la proclamación de los esponsales eternos entre Israel y Yavé; y era y debe ser el orgullo del pueblo de Dios.

¿Por qué dudar? ¿Por qué temer?

Israel es la esposa de Yavé.

* * *

Pero miremos a Israel cuando aún no era el símbolo de cada uno de nosotros, cuando se llamaba todavía Jacob y vivía a la parte de acá de la frontera misteriosa de la tierra prometida.

Jacob es el hijo de Isaac, y el grande Abraham había sido su abuelo.

También él, como el abuelo, había recibido la promesa de Yavé en un momento extraordinario de su existencia de nómada. Había llegado a cierto lugar al caer la noche. Apoyó la cabeza en una piedra y se durmió. Soñó que *«veía una escalera que, apoyándose en la tierra, tocaba con su cima en el cielo, y por la que subían y bajaban los ángeles de Yavé.*

Arriba estaba Yavé, el cual dijo: 'Yo soy Yavé, el Dios de Abraham, tu antepasado, y el Dios de Isaac. Yo te daré a ti y a tu descendencia la tierra en que descansas.

Tu descendencia será como el polvo de la tierra; te extenderás a oriente y a occidente, al septentrión y al mediodía. Por ti y por tu descendencia serán bendecidas todas las naciones de la tierra. Yo estoy contigo. Te guardaré doquiera que vayas'» (Gén. 28, 12-15).

Esta promesa, recibida en Betel, fue para Jacob la fuerza de su camino, el móvil de su vocación.

Le acompañó en las tiendas de su existencia y en las vicisitudes de perpetuo nómada.

Se volvió cada vez más purificada la sustancia de su fe en Yavé y le preparó para la noche del «paso».

Porque fue precisamente él, que debía ser llamado por Dios no ya Jacob sino Israel, quien recibió el primer anuncio de Yavé de la dimensión mística del plan de la salvación y el término de la vocación escatológica de la humanidad, que representaba en aquel momento.

En la plenitud de su existencia Jacob advirtió que algo estaba para cumplirse, algo extraordinario, una imantación por parte de Dios.

«Durante la noche se levantó, tomó a sus dos mujeres, a sus dos siervas y a sus doce hijos y pasó al vado de Jabboc.

Los tomó y los hizo pasar el vado y pasó también todo lo que tenía consigo» (Gén. 32, 23).

Después se quedó solo.

Estaba para cumplirse la cosa más extraordinaria de su existencia.

«... *Un hombre luchaba con él hasta despuntar el alba.*

Viendo el hombre que no le podía, le golpeó en la articulación del muslo y se descoyuntó el tendón del muslo de Jacob durante la lucha con él. Y el hombre dijo a Jacob: 'Suéltame, que raya el alba.' Y Jacob respondió: 'No te soltaré si antes no me bendices.' El le preguntó: '¿Cuál es tu nombre?' 'Jacob', respondió éste. Y añadió el hombre: 'No será ya Jacob tu nombre, sino Israel, porque has peleado contra Dios y contra los hombres y has vencido.'

Jacob, a su vez, le preguntó: 'Dime, te ruego, tu nombre.' Pero él respondió: '¿Por qué quieres saber cómo me llamo?'» (Gén. 32, 25-30).

* * *

También las imágenes son signos; los sacramentos son, asimismo, signos; a mi entender, todo es un signo.

Signos que indican, que encubren, que desvelan, que vivifican, que alimentan, que explican o que cuentan las misteriosas cosas de Dios al hombre.

Signos que, como letras del alfabeto, componen el lenguaje incognoscible de Dios con el conocimiento limitado y experimental del hombre. Y así como bajo la imagen del fruto prohibido está indicado el misterio del pecado, así como bajo la costilla de Adán, tomada por Dios para formar a Eva, se encuentra preconizada la uni-

74

dad irrescindible entre el hombre y la mujer, así bajo la imagen y el episodio de esta lucha se oculta todo el misterio de la oración como lucha entre Dios y el hombre y como tensión de amor entre la criatura y el Creador.

El hombre quiere pasar, y Dios no le deja, pero quiere que pase.

El hombre lucha con Dios, y Dios es feliz de ver cómo el pecho del hombre aprieta contra su corazón.

El hombre pide a Dios su sí, y Dios no se lo pronuncia por el gusto de oír infinitas veces la petición, y cada vez más fuerte.

La lucha sobre el puente del paso, y la dialéctica de amor entre Dios y el hombre, entre Yavé e Israel, es la toma de conciencia que se está madurando siempre entre el «sí» del hombre al eterno «sí» de Dios.

Dios resiste al hombre, porque el deseo del hombre es todavía superficial, inmaduro, infantil.

Dios deja llorar al hombre, porque el hombre tiene aún necesidad de llorar.

Dios hace esperar al hombre, porque necesita esa espera.

La unión no está madura aún, el deseo está todavía en su falta de claridad.

Hay que luchar mucho aún, y la noche es para esto precisamente.

Después llegará el alba, y cambiarán las cosas.

Pero, mientras estemos en esta tierra, seguiremos luchando como Jacob sobre el puente entre lo visible y lo invisible, la ciudad terrena y la ciudad celestial, la naturaleza y la sobrenaturaleza, la salud física y la salvación eterna, el deseo de vivir aún aquí abajo y la esperanza de subir allá arriba, el hambre de pan y el deseo insaciable de cielo, el sueño de gozarse las estaciones de la vida y la persuasión de entrar en la única y eterna estación del reino.

Pero la lucha es larga y agotadora.

Y nos puede causar también alguna «cojera», como le sucedió a Jacob; si no por otra razón, para recordarnos que no venceremos a Dios en la carrera, sino con la paciencia de la muerte.

Solamente después será posible entrar de manera definitiva en el reino y estaremos maduros para abrazar castamente a Dios y con él a toda la creación.

Por eso el catecismo, tan viejo como nuestros ancianos, pero lleno de verdad, dice: *«Dios nos ha creado para conocerlo, amarlo y servirlo en esta vida, y luego gozarlo en la eterna».*

En esta palabra, *«gozarlo»*, que es sinónimo de *«poseerlo»*, se encuentra encerrado todo el misterio de la unión definitiva con Dios, unión que se le negaba a la violencia de Jacob, que permanecerá con nosotros más acá del puente hasta la realización de los cielos nuevos y de la nueva tierra, cantados por el Apocalipsis y proclamados en la esperanza de todo el pueblo de Dios implorante.

CAPITULO VII

*«Cuando venga el que
ha de venir»*
(Jn. 4, 25)

Dios se hace presente al hombre poco a poco.
Toda la historia de la salvación es la historia de
un Dios que viene.

Es siempre él el que viene, si bien no ha venido aún en su plenitud.

Pero existe de verdad un momento único de
su venida, de la cual eran sólo preparación y
anuncio las otras venidas.

La hora de su venida: «venida» es la Enca:-
nación.

Su presencia en el mundo se opera con la Encarnación, tan completa que oscurece todas las
demás presencias anteriores.

Dios se hace hombre en Cristo, Dios se hace presencia al hombre con un tipo de presencia tan ejemplar y evidente que trastorna todo razonamiento complicado hecho precedentemente sobre él.

«Dios, invisible e intocable, se ha hecho visible y palpable en Cristo».

La operación es tan radical que desde ahora en adelante cada problema de fe sobre Dios se convierte en problema de fe en Jesús.

Si es verdad que Jesús es Dios, todo resulta claro; si no logro creerlo, todo se me hace oscuro.

La misma Biblia vuelve a la oscuridad y el hombre espera envuelto en lágrimas, apegado al muro del llanto, una profecía que no existe o, mejor, que ya no tiene fecha, ni lugar, ni tiempo, ni espacio, ni patria.

Creer en la Encarnación, creer que Dios se ha hecho hombre y habitó entre nosotros, creer que Jesús es el Hijo de Dios, significa ante todo creer a la Biblia.

Es la Biblia la que nos ha hablado de él; es la Biblia la que ha preanunciado su nacimiento (cf. Is. 7, 14), indicado el lugar donde debía nacer (cf. Mic. 5, 1-3), especificado su origen y su genealogía (cf. Is. 7, 11 y sigs.), su modo de comportarse entre los hombres (cf. Is. 8, 23; 9, 1; 49; 58, 6; 61, 1-2), su carácter (cf. Is. 42 y sigs.), sus gustos, su pobreza y el modo en que sería tratado y vendido (cf. Is. 50 y sigs.; 52, 13 y sigs.; 53 y sigs.).

Es asimismo la Biblia la que bosqueja, ocho siglos antes de su venida, su fotografía dolorosa.

El pincel es de Isaías, y podemos denominarlo con verdad el Quinto Evangelio:

«Creció ante él como un pimpollo,
como raíz en tierra seca.
Sin gracia ni belleza para atraer la mirada,
sin aspecto digno de complacencia.
Despreciado, desecho de la humanidad,
hombre de dolores, avezado al sufrimiento,
como uno ante el cual se oculta el rostro,
era despreciado y desestimado.
Con todo, eran nuestros sufrimientos los que
*   [llevaba,*
nuestros dolores los que le pesaban,
mientras nosotros le creíamos azotado,
herido por Dios y humillado.
Ha sido traspasado por nuestros pecados,
deshecho por nuestras iniquidades;
el castigo, precio de nuestra paz, cae sobre él
y a causa de sus llagas hemos sido curados.
Todos nosotros, como ovejas, andábamos
*   [errantes,*
cada cual siguiendo su propio camino.
Y Yavé ha hecho recaer sobre él
la iniquidad de todos nosotros.
Era maltratado y se doblegaba,
y no abría su boca;
como cordero llevado al matadero,
como ante sus esquiladores una oveja muda
y sin abrir la boca.

Con opresión y juicio fue aprehendido; de su
[causa ¿quién se cuida?
Pues fue cercenado de la tierra de los vivos,
herido de muerte por los pecados de mi pueblo.
Se le preparó una tumba entre los impíos,
en su muerte se le juntó con malhechores,
siendo así que él jamás cometió injusticia,
ni hubo engaño en su boca.
Pero plugo a Yavé destrozarle con padeci-
[mientos».

(Is. 53, 2-10)

* * *

¿Quién es este gigante que atraviesa toda la historia de la salvación, que está presente en todas las etapas de la marcha del pueblo de Dios, que es el Esperado de las gentes, que es el Emanuel, el Dios con nosotros, el Ungido del Señor, el Mesías, el que debe venir, el Cristo de Dios?

Poneos a desbrozar la Biblia de su presencia, si podéis.

Porque si es difícil creer en el Jesús de Nazaret, mucho más difícil es no creer en él.

Yo no logro librarme de él, ni aun proponiéndomelo.

Ha penetrado de tal manera en mí su Presencia que negarlo para mí sería negar la luz.

Sin duda alguna, podría hacerlo, pero... pecando contra el Espíritu.

Por otra parte..., ¿a quién iríamos en busca de luz?

¿Existe en el horizonte de mi vida o de vuestra vida un profeta más grande que el profeta de Nazaret?

¿Existe?

¿Existe un hombre, que haya dicho y hecho cosas más grandes que él?

Poneos a pensarlo.

Reunid todo lo que se ha dicho sobre Dios y sobre los hombres, haced la comparación con todos los «hombres religiosos» de la tierra que existieron y existen, y decidme si hay uno solo que haya podido igualar a Jesús.

No, no existe, no puede existir.

No por nada con Jesús se sella una profecía, y el tiempo mismo empieza con su venida.

La historia empieza a contar los años a partir del cero y nuestra alma se halla como renaciendo ante él.

«En verdad, en verdad te digo que el que no nace de nuevo no puede ver el reino de Dios» (Jn. 3, 3).

Comenzar desde el principio, nacer de nuevo, para nosotros, los hombres, significa facilitar el camino, simplificar las cosas, marchar más ligeros.

San Pablo lo había cogido al vuelo y se inquietaba con quienes querían permanecer anclados al pasado y, después de Jesús, perdían el tiempo mezclando la circuncisión con el bautismo.

Cristo nos ha librado del pasado y de sus infinitas complicaciones. En él nos hemos convertido en *«criaturas nuevas»* e iniciamos una vida nueva sin deudas con nadie, escribiendo en nuestro libro: «Ahora empiezo...».

¿Qué importan tu pasado, tus mismos pecados?

Ahora avanza en la novedad que has hallado, y no peques más...

Pero no basta.

Para facilitarnos la marcha en la «novedad de vida», Jesús destruye la casuística y se pone en lugar de todos los códices y libros de moral con una sola frase:

«Sabéis que se dijo a los antiguos...

Pero yo os digo...» (Mt. 5, 21. 22).

En una palabra, él se convierte en el libro vivo, en la costumbre, la tradición, la ley, el único.

«Yo os he dado ejemplo, para que hagáis vosotros como yo hice» (Jn. 13, 15).

«Amaos unos a otros como yo os amé» (Jn. 15, 12).

Jesús sella el pasado, cierra la espera, se encarna en la historia.

Después de él no es necesario fijarse en muchos; basta fijarse en su persona.

La imitación de su vida se hace norma; creer en él significa no sólo la salvación, sino también la *«vida eterna»*.

«Quien cree en mí, tiene vida eterna» (Jn. 6, 47).

Con él nace un nuevo humanismo, el humanismo hecho de tierra y cielo, de visible e invisible, de esperanzas humanas y de esperanzas divinas, de ciudad terrena y de ciudad celeste, de hijo del hombre y de hijo de Dios.

En efecto, con él cada hombre puede volverse hijo del Altísimo, carne divinizada, criatura inaprensible, tienda divina, santo de Dios, heredero del Reino.

* * *

Sí, el Verbo se hizo carne; Dios se hizo hombre.

El hombre ha visto a Dios en la tierra.

San Juan dirá con palabras incomparables, que a distancia de siglos nos llegan a lo más hondo, con testimonio que conmueve:

«Lo que era desde el principio,
lo que hemos oído,
lo que hemos visto con nuestros propios ojos,
lo que hemos contemplado,
lo que han tocado nuestras manos, acerca del
[Verbo de la vida...».

(1 Jn. 1, 1)

¡Cuán «existencial» y bella es la frase de Juan sobre Cristo!: *«Lo que han tocado nuestras manos».*

Sí, Jesús, Dios en la tierra, ha sido tocado por los hombres, palpado y contemplado.

Los hombres lo vieron llorar, comer, dormir, hablar, caminar, sufrir, azotar.

Lo vieron partir solo en la noche para rezar, lo vieron en el lago reprendiendo y apaciguando al viento y al mar, lo vieron curar a los enfermos, resucitar a Lázaro, que ya hedía, lo escucharon cuando hablaba del Reino, en pie, delante del templo de Jerusalén.

¡Cuántos recuerdos se amontonaron en la mente de sus amigos, de aquellos a quienes había invitado a su seguimiento; recuerdos que se hacían vivos e impresionantes incluso después de su partida!

«Nosotros, que estuvimos con él en el monte santo», escribirá Pedro mientras avanzaba por las vías consulares del Imperio romano.

Y recordaría lo que había sucedido en el Tabor, un día inundado de luz, y, ante aquel recuerdo y por aquel rostro tan extraordinaramente transfigurado en lo divino, encontrará la fuerza para llegar hasta el fondo de las cosas y de su esforzado testimonio, esto es, hasta el martirio, sin echarse atrás cuando aún podía hacerlo.

* * *

Es verdad que, si Jesús es Dios hecho hombre, ha de cambiar algo radical en la historia del hombre. Si el Absoluto de Dios ha entrado en la historia, ya no existe una historia cualquiera.

Con la Encarnación la humanidad se ha convertido en el «ambiente divino» y el hombre se ha vuelto familiar de Dios, consanguíneo de Cristo.

Si es verdad, como lo es, que Dios se ha hecho en Jesús uno de nosotros, no es una empresa de poca importancia: las esperanzas del hombre tienen ahora un punto de apoyo extraordinariamente firme.

Si Jesús, que es Dios, es mi hermano, ya no tiene razón el que se me llene el corazón de temor, desde el momento que Dios se ha hecho hermano mío.

Y con un hermano como Dios ha cambiado el horizonte de toda mi existencia, de la nuestra.

¿Qué puede interesarme la viña de mis antepasados, si ahora, con mi hermano Cristo, he entrado en la viña de Dios?

¿Qué me importa la heredad de mi padre, ahora que me he vuelto heredero del cielo?

Lo que ha cambiado son las proporciones, y yo he entrado en un reino en que las proporciones no existen.

Oíd cómo se exalta Pablo ante la visión de la nueva realidad, de la cual el hombre se ha hecho partícipe mediante la encarnación de Jesús:

«Bendito sea el Dios y Padre de nuestro Señor Jesucristo, que en los cielos nos bendijo en Cristo con toda suerte de bendiciones espirituales, por cuanto nos eligió en él antes del comienzo del mundo para que fuésemos santos e inmaculados ante él, predestinándonos por amor a la adopción de hijos suyos por Jesucristo en él mismo, conforme al beneplácito de su voluntad, para alabanza de la gloria de su gracia, la que nos hizo gratos en el Amado» (Ef. 1, 3-6).

Y así resume el plan de la salvación:

El nos ha manifestado *el misterio de su voluntad según su beneplácito, que se propuso en él, en la economía de la plenitud de los tiempos al recapitular todas las cosas en Cristo, las de los cielos y las de la tierra.*

En el cual también hemos sido hecho herederos, predestinados según el designio del que todo lo hace conforme al consejo de su voluntad, a fin de que nosotros, los que antes habíamos esperado en Cristo, seamos alabanza de su gloria...» (Ef. 1, 9-12).

No está mal para mendigos como nosotros.

Parece un sueño hablar de estas cosas a hombres que se aprietan el cinto a causa del hambre o que gritan de la noche a la mañana atormentados por llagas sin número, sentados sobre el estiércol del mundo, como Job.

Y, sin embargo, ésta, y no otra, es la sustancia de la fe y el móvil de la esperanza, y es grande precisamente por ser oscura y dolorosa.

¡Somos herederos de Dios!

Somos santos, si bien aún sumergidos en el pecado; hemos resucitado con Cristo, aun cuando suframos en nuestros miembros el veneno de nuestra muerte.

Y aunque nuestros ojos estén ofuscados por el dolor y nuestro corazón helado por el terror de las cosas que no se entienden y por el grito de la muchedumbre que expectora contra Jesús el *crucifige*, nosotros, con la invencibilidad de una fe que no disminuye, miramos a Cristo en medio de la batalla del siglo y decimos con Pablo:

«El es imagen de Dios invisible, primogénito de toda la creación, porque por él mismo fueron creadas todas las cosas, las de los cielos y las de

la tierra, lo invisible y lo visible, tanto los tronos como las dominaciones, los principados, como las potestades; absolutamente todo fue creado por él y para él, y él mismo existe antes que todas las cosas y todas en él subsisten. El es también la cabeza del cuerpo de la Iglesia, siendo el principio, primogénito entre los mortales, para así ocupar el mismo puesto entre todas las cosas, ya que en él quiso el Padre que habitase toda la plenitud. Y quiso también por medio de él reconciliar consigo todas las cosas, tanto las de la tierra como las del cielo, pacificándolas por la sangre de su cruz» (Col. 1, 15-20).

CAPITULO VIII

> *«Padre nuestro,*
> *que estás en los cielos»*
> (Mt. 6, 9)

La encarnación del Verbo de Dios, la venida de Jesús a nosotros, la presencia de Cristo en la historia, es la encarnación, la venida, la presencia del *Testigo del Absoluto,* es decir, del único capaz de hablarnos de las *«cosas de allá arriba».*

En efecto, El mismo dirá: *«Nadie ha subido al cielo, sino el que bajó del cielo, el Hijo del hombre, que está en el cielo»* (Jn. 3, 13).

Si nadie ha subido «allí», nadie puede hablarnos de lo que allí hay; esto está claro.

Jesús es el único que puede darnos testimonio del cielo, de lo invisible, porque es el único que *«viene de allí».*

Su misión entre nosotros es, sobre todo, la de dar testimonio.

El sabe, ha visto, ha sentido y conoce.

El puede decirnos: *«Yo os digo lo que he visto junto al Padre»* (Jn. 8, 38).

El puede afirmar con fuerza: *«Yo lo conozco. Y si dijera que no lo conozco, sería un mentiroso, como vosotros»* (Jn. 8, 55).

Y ¿de quién da testimonio Jesús?

¿De quién habla? ¿De qué Presencia llena el cielo invisible?

Nos da testimonio de la existencia de su Padre; habla de Yavé y lo llama Padre; llena el Reino invisible de la presencia del Absoluto, denominado por él por vez primera como *«Padre mío y Padre vuestro, Dios mío y Dios vuestro»* (Jn. 20, 17).

La misión de Jesús empieza precisamente aquí: revelándonos la existencia del Padre, hablándonos de él, dando testimonio de él.

Proclamará sin reticencias, e inmediatamente, su dependencia de él: *«No he venido de mí mismo, sino que me envió el que es veraz»* (Jn. 7, 28).

«Porque yo no hablé de mi cuenta, sino que el Padre, que me envió, ha prescrito lo que he de decir y hablar» (Jn. 12, 49); confirmará su obediencia incondicional: *«Yo hago siempre lo que le agrada a él»* (Jn. 8, 29).

«El Hijo, de por sí, no puede hacer nada que no lo vea hacer al Padre» (Jn. 5, 19).

Nos hablará del amor del Padre hacia él: *«Porque el Padre ama al Hijo y le muestra todo cuanto hace»* (Jn. 5, 20), y de su pasión por el Padre: *«Mi alimento es hacer la voluntad del que me envió y completar su obra»* (Jn. 4, 34).

Desde el alba al ocaso de su vida terrena, la presencia del Padre será el «ambiente divino» de Jesús.

Desde el bautismo en el Jordán, cuando apenas salió del agua *«vio los cielos abiertos y al Espíritu Santo como una paloma bajando sobre él, y sonó una voz de los cielos: 'Tú eres mi Hijo, el Amado, en ti me complazco'»* (Mc. 1, 10-11), hasta su trágica muerte en el Calvario: *«Padre, en tus manos encomiendo mi espíritu»* (Lc. 23, 46), la presencia del Padre será su punto de referencia, su interioridad, su contemplación, su hablar. ¡Cuántas veces saldrá solo a la luz de las estrellas, precisamente para estar a solas con su Padre, y cuántas veces le vendrán a los labios palabras dulcísimas de unión con él: *«Sí, Padre, porque así has querido»* (Mt. 11, 26); se exaltará con el modo de obrar del Padre: *«Yo te alabo, Padre, Señor del cielo y de la tierra, porque habiendo escondido estas cosas a los sabios y prudentes, las has revelado a los pequeñuelos»* (Mt. 11, 25), y confirmará su vocación de revelador y de testigo del Padre: *«Mi Padre me confió todas las cosas, y nadie conoce perfectamente al Hijo, sino el Padre; y nadie conoce al Padre enteramente, sino el Hijo, y a quien el Hijo quisiera revelárselo»!* (Mt. 11, 27).

Si nosotros aceptamos a Jesús como Hijo de Dios, no podemos no aceptar al mismo tiempo la presencia bien marcada del Padre.

El Evangelio se vuelve incomprensible para

quien quiere excluir el diálogo, el trato entre Jesús y su Padre, símbolo y modelo de cualquier trato entre Dios y nosotros.

La oración con la que Jesús resume su misión terrena durante la última cena celebrada con sus discípulos, es de una claridad tal que no deja dudas de que Jesús, cuando habla, está hablando con el Absoluto de Dios: *«Así habló Jesús. Luego, elevando sus ojos al cielo, dijo: 'Padre, ha llegado la hora; glorifica a tu Hijo, para que tu Hijo te glorifique, ya que le diste poder sobre todos los hombres, para que él dé vida eterna a todos los que le has dado. Y la vida eterna es que te conozcan a ti, el único Dios verdadero, y al que tú enviaste, Jesucristo. Yo te glorifiqué en la tierra, llevando a término la obra que me encomendaste. Ahora, Padre, glorifícame tú, de tu parte, con la gloria que tenía contigo, antes de existir el mundo»* (Jn. 17, 1-5).

Sí, Jesús es el revelador del Padre y su Testigo. Es el que lo sabe todo sobre él.

Habla de él como si lo viese, como si estuviese en continua comunión con él, como uno con quien se ha vivido siempre y cuyo carácter, gustos, modo de obrar y «costumbres» se conocen.

Aquí está lo maravilloso del Evangelio y la misión insustituible de Jesús entre nosotros.

Por medio de su palabra podemos conocer a Dios mismo, su voluntad precisa, su modo de ver las cosas, sus deseos más íntimos, su rostro santísimo.

Pero lo que es aún más maravilloso, yo diría que divino, es que a través de palabras tan precisas y de situaciones tan circunstanciadas por Jesús, el misterio del rostro de Dios es completo, la noche sobre la trascendencia divina sigue oscura como en el templo de la primera alianza, y tú te ves precisado a vivir de fe, de esperanza y de caridad igual que antes, como siempre.

Jesús no desplaza el equilibrio en el trato entre la criatura y el Creador, que sigue siendo un equilibrio confiado sólo a un acto de abandono por parte del hombre y a un acto de amor libre y gratuito por parte de Dios.

Yo diría que, pese a habernos trazado en el Evangelio la fotografía del Padre, el misterio de la incognoscibilidad de Dios es impenetrable. Tú ves y no ves; conoces y debes seguir conociendo; tú sabes, pero sigues siendo bien ignorante; puedes ver o no ver la fotografía.

Depende de ti. Tú eres en este momento la máquina fotográfica capaz de grabar en tu interior lo que ves en el Evangelio y lo que no ves y hacerte una fotografía tuya, sabiendo que el poder de fijación en el alma depende de la presencia del Espíritu Santo, que es el Amor, el único capaz de hacerla en la proporción de tu intimidad con El.

Decidme si después de una lectura cuidadosa del Evangelio conseguís entender algo preciso sobre el infierno, por ejemplo.

¡Dios es tan bueno!, exclamáis. Dios es el Amor, Dios es Padre, Dios es misericordioso...

Y mientras os llenáis el corazón y la boca de palabras dulces, oís el grito desgarrador de la Escritura: *«¡Ay del que cae en las manos del Dios vivo!»*, y precisamente él, Jesús, que un mi-

nuto antes nos ha trazado la mansedumbre del
Padre con la parábola del hijo pródigo, donde
todo termina con un banquete, se pone a contar
otra parábola un poco diversa, la del rico epulón,
donde los comensales terminan en el infierno.

Intentad unir estos dos textos del Evangelio,
si podéis.

*«Amad a vuestros enemigos, haced el bien y
prestad sin esperar remuneración; así será grande
vuestra recompensa, y seréis hijos del Altísimo,
porque El es bueno para los ingratos y perversos»*
(Lc. 6, 35).

Y este otro:

*«Apartaos de mí, malditos, al fuego eterno, pre-
parado para el diablo y sus ángeles»* (Mt. 25, 41).

No, no lo lograréis.

No lo conseguís, y es precisamente por esto
por lo que resulta peligroso e infantil hacerse ideas
simplistas sobre los pensamientos de Dios y pronunciar juicios demasiado precipitados sobre El.

Mirad lo que sucede:

Después de veinte siglos de meditación sobre
el Evangelio, a cada viraje de la historia y ante
situaciones nuevas, el hombre se encuentra como
desamparado, como ante un enigma.

El Evangelio que tiene entre las manos se le
presenta como un libro cerrado, completamente
por descubrir y, sobre todo, por liberar de las
garrulerías de la cultura y de las ideologías precedentes en las que lo han encarnado los cristianos
precedentes.

Entonces es cuando se interroga incluso sobre
las cosas más esenciales y comunes: ¿sobrenatura-

leza o política—verticalismo u horizontalismo—inmanencia o trascendencia—revolución humana o revolución escatológica?

Y si no estamos atentos corremos el peligro de tomar un camino completamente equivocado, viviendo como los ángeles renunciatarios en un hipotético cielo espiritualista o volviendo a cometer el error de reencarnar el mensaje de Jesús en una cultura e ideología nueva, destinada, como todas las demás, a desaparecer, incapaz de expresar el pensamiento de Dios y sólo apropiada para hacer sufrir a los cristianos que vendrán tras de nosotros.

No, no es fácil leer el mensaje de Jesús, ni siquiera para la Iglesia, que aun siendo su íntima esposa, teniendo el poder de distraerse con las cosas de la tierra, corre continuamente el riesgo —en sus hombres, se entiende—de decir cosas viejas que ya no sirven o de callar cuando debiera hablar.

Dios, en el Evangelio de Jesús, sigue siendo misterioso. El rostro del Padre, que Jesús ha venido a trazarnos aquí, a la tierra, sigue siendo el rostro del Incognoscible; no lo olvidemos.

Pero hay un camino capaz de revelar al Incognoscible, de leer su intimidad y de aferrar su conocimiento: es el camino del Amor.

Entrando en el recinto del Amor, guiados por el Espíritu, podremos llegar al conocimiento del Padre: *«Quien ama tiene la vida eterna»*. Y la vida eterna es el conocimiento de Dios.

* * *

Jesús, en efecto, comenzó así, hablando del amor, haciéndonos entrar en su recinto, entrenándonos para el difícil oficio de amar. Y puso siempre a su Padre en el lugar de quien sabe amar.

Y sabe amar de modo muy diverso de como casi siempre amamos nosotros, pecadores y paganos.

«*Yo os digo a vosotros que escucháis:* '*Amad a vuestros enemigos; haced el bien a los que os odian; bendecid a los que os maldicen; orad por los que os calumnian.*'

'*Al que te hiere en una mejilla, ofrécele también la otra; a quien te quita el manto, no le niegues la túnica.*'

'*Da a quien te pida, y no reclames a quien te roba lo tuyo.*'

'*Tratad a los hombres como queréis que ellos os traten a vosotros.*'

'*Si amáis a los que os aman, ¿qué mérito tendréis? Los pecadores también lo hacen. Y si prestáis a aquellos de quienes esperáis recibir, ¿qué mérito tendréis? También los pecadores prestan a los pecadores para recibir de ellos otro tanto*'*».* (Lc. 6, 27-34).

¡No está mal!

Es difícil encontrar un texto como éste del capítulo 6 de Lucas, en que el contraste entre nuestro modo de amar—interesado—y el verdadero modo de amar—desinteresado—de Dios resulte más evidente y drástico.

Pues bien, esta manera de amar gratuitamente Jesús se la atribuye a su Padre.

Mirad lo que dice:

«Pero vosotros amad a vuestros enemigos, haced el bien y prestad sin esperar remuneración; así será grande vuestra recompensa, y seréis hijos del Altísimo, porque él es bueno para los ingratos y perversos» (Lc. 6, 35).

Y añade, reforzando el pensamiento: *«Sed misericordiosos, como vuestro Padre es misericordioso»* (Lc. 6, 36).

Pero ¿cómo es misericordioso el Padre?

¿Cómo puedo hallar la respuesta en lo que me atestigua Jesús en el Evangelio?

Leo la parábola del hijo pródigo y me encuentro fácilmente de acuerdo con él, ahora que se me ha escapado una hija de casa y estoy dispuesto a todo... ¡con tal que vuelva!

Leo la parábola de un individuo que ha sido capaz de perdonar a un amigo una deuda de diez mil talentos (nada menos que novecientos millones de pesetas)...

Esto ya resulta más difícil de perdonar para quien es buen administrador y está acostumbrado a ahorrar. Pero, en fin..., como mi deudor ya no puede pagar y si me meto con los abogados pierdo más aún..., bueno, paciencia, le perdono.

Pero donde empiezo a sentir dificultad para entender es más adelante, cuando es tocado el pobre, el inocente; cuando yo, dejando pasar, comprometo a los otros.

¿Es misericordioso el Padre con los torturadores?

¿Es misericordioso el Padre con los capitalistas; con los que detentando el poder hacen pasar hambre a los pobres, hacen morir a millones de niños de inanición; con quienes venden cañones y, conscientemente, para vender más, suscitan luchas, falsifican noticias, atizan el fuego y declaran la guerra?

¿Es misericordioso con los dictadores, que convierten el poder en una cosa horrible, capaz de prostituirlo todo, de ahogar en las cárceles el don divino de la libertad?

¿Es misericordioso con los racistas, que separan a los hombres según el color de su piel y, sirviéndose de su fuerza, cometen el imperdonable delito de hacerse dioses?

¿Qué es lo que me responde Jesús?

Nada, que yo sepa. Calla.

Sabe que se encuentra ante una situación tal que, permaneciendo así las cosas, el Padre aplicará la condena expresada en el Evangelio de Mateo referente a la defensa de los pobres:

«Apartaos de mí, malditos, al fuego eterno..., porque tuve hambre, y no me disteis de comer» (Mt. 25, 41-42). ¡No valen bromas con los pobres! El Padre asumirá su defensa.

Pero ¿por qué calla Jesús?

¿Por qué su Evangelio no ofrece respuestas exhaustivas a los problemas que angustian a la humanidad? ¿Por qué Jesús, que conoce a su Padre, no nos dice cómo les tratará a éstos?

¡Es que el amor se encuentra en apuros en ciertos momentos!

¿Cómo seguir amando al torturador, al capitalista que hace pasar hambre, al racista orgulloso, al vendedor de cañones?

Y, sin embargo, si el amor es invencible y se

refiere al hombre, a este pobre hombre, que peca de manera tan espantosa, pero que aún puede salvarse, encontrará algún expediente.

Y si el amor es el mismo amor de un Dios, ¿no saldrá a su encuentro?

He aquí cómo saldrá a su encuentro.

Intentará él mismo convertirse, en silencio, en la víctima de todas las violencias, de todas las calumnias, de todos los poderes de este mundo.

Intentará ser encarcelado, torturado, escarnecido, vendido y condenado.

Y cuando experimente todo esto, desde la cruz misma de su padecer, conociendo el grado de amor con que es capaz de amar el Padre y la tragicidad de la condena a que el hombre se ha expuesto, dará su parecer a la justicia invocada por las mismas piedras del Calvario; interrogado por toda la historia sobre el modo de proceder en ese momento, dará la respuesta más extraordinaria del amor e invocará sobre el hombre la atenuante de la debilidad mental.

«Padre, perdónalos, porque no saben lo que se hacen» (Lc. 23, 34).

También yo espero que en aquel momento me salve el amor del Padre con el expediente de mi debilidad mental, de mis fechorías y de mi sobrada insensibilidad para con los pobres de todo el mundo.

CAPITULO IX

> *«Y vio al Espíritu*
> *de Dios descender*
> *en forma de paloma»*
> (Mt. 3, 16)

Hay cierta presencia en el cielo y en la tierra, hay una tercera Persona que nos busca además de la de Jesús y de su Padre.

Es el Espíritu Santo.

Jesús mismo nos hablará de él y dará testimonio de su vida:

«Os he dicho estas cosas estando con vosotros, pero el Consolador, el Espíritu Santo, el que el Padre enviará en mi nombre, él os enseñará todo y os recordará cuanto os he dicho» (Jn. 14, 25-26).

Cuando Jesús habla del Espíritu parece querernos anunciar un tiempo de plenitud, yo diría un tiempo más extraordinario, más completo para el hombre.

«Muchas cosas tengo que deciros todavía, pero ahora no estáis capacitados para entenderlas. Cuando venga él, el Espíritu de la verdad, os guiará a la verdad completa» (Jn. 16, 12-13).

Sí, se diría que sin esta tercera Persona las cosas no podrían avanzar, que la verdad revelada por él no podría alcanzar su plenitud, que no se podría siquiera entender lo que ahora está diciendo, que, en una palabra, habría algo que falta..., que falta, sí...

Además, esta tercera Persona que debe venir y que enviará el Padre en nombre de Jesús, no obra nunca sola, no dice cosas suyas, pues *«no hablará de su cuenta, sino que os dirá cuanto oyere y os anunciará las cosas venideras»* (Jn. 16, 13).

Es extraño para quien no entiende, pero no resulta extraño para quien ha entendido que Jesús no busca jamás una autonomía, sino que siempre se refiere a los demás, a una especie de consejo.

Antes, durante los años vividos con sus discípulos, se refirió siempre al Padre: *«Lo que yo os digo, como me lo dijo el Padre os lo digo»* (Jn. 12, 50).

Ahora, en la intimidad de las últimas horas que vive con los hombres, al final de su existencia terrena y ya proyectado hacia el más allá, se refiere al Espíritu y habla de él.

E incluso hablando de él atestigua claramente y sin reticencias que esta persona, el Espíritu, *«no hablará de su cuenta»* (Jn. 16, 13).

Es evidente la alusión a un punto de convergencia de las personas divinas, lo que los teólogos llaman la Trinidad, y que la irrupción improvisa del Espíritu se revela desde dentro.

En efecto, la Trinidad es la vida íntima de Dios.

Y de hecho es el Amor, y sólo el Amor el que nos la revela.

Le sobraba razón a Jesús al decir: *«Ahora no estáis capacitados para entenderlas»* (Jn. 16, 12).

¿Cómo es posible entender la vida íntima de Dios sin una revisión específica, personal, de él a nosotros?

Nosotros, como los apóstoles, nos encontramos en este punto ante un alba nueva.

La revelación por parte de Jesús de la Trinidad es el comienzo de la renovación definitiva del mundo.

Lograr captar el misterio trinitario de Dios significa poder entrar en la misma familia divina, en el sagrario de la casa del Absoluto, en la vida misma de Dios. Y esto sólo lo consigue el Amor.

Sólo el Amor de Dios hacia mí puede abrirme la puerta de su intimidad, y el Espíritu Santo es el amor que me abre la puerta, que me permite contemplar la vida íntima de Dios.

Sólo el amor difundido en mí por él, por la gracia que nos ha sido dada en Cristo, puede hacerme capaz de ver las *«cosas de arriba»*. Y este amor es el Espíritu Santo.

El Espíritu Santo es la comunicación: comunicación entre el Padre y el Hijo, y comunicación entre Dios y nosotros.

Si él está, todo resulta claro; si no está, todo se vuelve oscuro.

No me pidáis que entienda humanamente; no soy capaz.

Me basta contemplar, y quien me da la contemplación es el Espíritu, es decir, el amor de Dios en mí.

No basta el catecismo, ni la teología, ni bastan las fórmulas para explicar la Unidad y la Trinidad de Dios.

Se requiere la comunicación amorosa, es menester la presencia del Espíritu.

Por eso no creo a los teólogos que no rezan, esto es, que no están en humilde comunicación de amor con Dios.

Así como tampoco creo que exista en el mundo una posibilidad humana de transmitir el conocimiento auténtico de Dios.

Sólo Dios puede hablar de sí mismo y sólo el Espíritu Santo, que es el amor, puede comunicárnoslo.

La crisis de la Iglesia, cuando existe tal crisis, es siempre una crisis de contemplación.

Quiere sentirse capaz de explicar las cosas del Esposo, aun cuando lo ha perdido de vista, incluso cuando, sin estar divorciada, no reconoce ya su abrazo, porque se ha vuelto curiosa y ha ido en busca de otros y de otras cosas.

La revelación de un Dios Trinitario en la unidad de una sola naturaleza, la revelación de un Dios Espíritu Santo presente en nosotros, no está al alcance del hombre, no pertenece al dominio de la razón. Es una comunicación personal que sólo Dios puede conceder, y el encargado de concederla es el Espíritu Santo, que es el amor mismo que une al Padre con el Hijo.

El Espíritu Santo es la plenitud y la dicha de Dios.

¡Resulta tan arduo hablar de estas cosas! No somos sino capaces de balbucirlas, como los niños; pero, al menos, como los niños hemos de repetir, sin cansarnos nunca:

¡Oh Espíritu divino, revélate a mí, que soy tu infante!

Y no tener la pretensión de que el conocimiento de Dios pueda ser fruto de nuestra materia gris.

Entonces, y sólo entonces, seremos capaces de rezar y, llevados a la frontera de nuestra radical incapacidad, convertida mediante el amor en bienaventuranza de pobreza, podremos invocar la venida de Dios a nosotros: «Ven, Espíritu creador».

* * *

Dios no es un solitario.

Por eso no está solo.

Es Trinidad.

Si fuera solamente Unidad, sería un solitario; pero siendo amor, es Trinidad: Padre, Hijo y Espíritu.

El Padre es vida y principio de todas las cosas; el Hijo es la imagen del Padre y la luz; el Espíritu Santo es el amor que los une y es una persona divina.

Dios, por ser amor, es comunicación.

La escena humanamente más accesible al hombre para localizar este misterio es la escena narrada por los evangelistas en el bautismo de Jesús:

«Jesús salió del agua, y he aquí que los cielos se abrieron, y vio al Espíritu de Dios descender en forma de paloma y caer sobre El.

Y una voz de los cielos decía: 'Este es mi Hijo amado, en el que me complazco'» (Mt. 3, 16-17).

Aquí tenemos al Padre, a Jesús y a esta tercera persona divina, el Espíritu.

Y así como en la famosa escena Jesús se identifica con el cordero por su mansedumbre y su vocación al sacrificio, así el Espíritu se identifica con la paloma por su movilidad y su dulzura en el amor.

El Espíritu Santo es el amor.

Es Dios, que se comunica a nosotros y nos habla de su vida íntima.

Y nos dice: Nosotros somos tres y una sola cosa.

Antes de esta revelación podíais encontrar a Jesús solo o hablar a solas al Padre.

Ahora ya no podéis.

Con la venida del Espíritu, que es la plenitud de la revelación, no podéis encontrar a una sola persona divina sin la presencia de las otras dos.

Con la venida del Espíritu seréis siempre reconducidos y llevados hacia la unidad de Dios.

El amor no está solo jamás, y ahora que tenéis la revelación del amor no podéis veros solos o ver a Dios solo.

Mirad a Jesús en el Calvario: mirad la paloma del Espíritu sobre su cabeza y sobre el rostro del Padre, que está cerca de su Amado.

Es siempre así.

104

Donde esté Jesús, encontraréis al Padre.

Donde esté el Padre, hallaréis a Jesús.

Donde estén el Padre y Jesús, veréis al Espíritu Santo.

Y no lograréis invocar a una de las tres personas divinas sin sentir la presencia de las otras dos.

Es una dialéctica continua, que os arrastrará al remolino inexhausto de la Unidad, a través del fuego inextinguible de la caridad trinitaria.

En efecto, el amor trinitario de Dios se llama «caridad», y es algo muy diverso del simple amor humano... y ¡mucho más!

Yo diría que dista uno de la otra como el cielo de la tierra; en efecto, es la distancia entre el modo con que nos amamos nosotros como criaturas y el modo con que ama Cristo.

Por eso resulta simplemente desalentador oír hablar a los cristianos de amor como lo hacen los paganos y hacer del Evangelio un mensaje humano.

Y es más desalentador aún reducir la profecía cristiana a la promoción social y al desarrollo de los pueblos: cosas, sin duda, básicas y necesarias, pero que no resumen el cristianismo.

El amor es más o menos predicado por todas las fes religiosas e incluso laicas.

Puedo recibir ejemplos de amor hasta de un ateo.

Pero no se trata del amor que Cristo ha traído a la tierra, del amor que nos *«distinguirá»* (Jn. 13, 35) como discípulos suyos.

El amor de Jesús es un amor profundamente teologal: es el amor llamado caridad y es el amor por el hombre y por el mundo, vivido por Cristo durante su existencia terrena y vivido ahora de modo inmediato por quienes se han adherido a él con la fe y la esperanza.

El amor trinitario de Dios, que se encierra en el corazón de quien cree en Jesús, es el «distintivo» del cristiano, el que caracteriza su acción, anima a todos los otros y es auténtica vida divina en el hombre.

El Espíritu Santo, que nos envió el Padre en nombre de Jesús, lleva al centro de nuestro ser la plenitud de la vida divina, que es no sólo presencia de Dios en nosotros, sino la manera dinámica con que ama Dios, y es esta inconfundible «conducta» de Dios lo que Cristo nos ha revelado viviendo en esta tierra: *«Haced vosotros como yo hice. Amaos como yo os amé»* (Jn. 13, 15-34).

Jesús no amó como criatura humana; amó como ama Dios.

¡No es pequeña la diferencia!

El modo con que Jesús amó es la vida trinitaria en él.

El amor Trinidad es el nuevo tipo de amor propuesto al hombre, pero es imposible vivirlo sin la Trinidad en nosotros.

Por eso *«está habitado»* el cristiano.

Está inhabitado por la Trinidad.

«Quien me ama, guardará mi doctrina, y mi Padre lo amará, y vendremos a él, y haremos morada en él» (Jn. 14, 23).

Segunda parte

En la plenitud de los tiempos
se localiza a Dios en la realidad del hombre.
Con la venida del Espíritu Santo,
en Pentecostés,
el hombre es *habitado por Dios*.
Desde ahora en adelante el hombre
vive la «alianza» con Dios
en la dinámica de la historia
y espera en su límite terreno
su última venida
fuera de todos los límites.

CAPITULO I

> *«Vendremos a él*
> *y haremos morada en él»*
> (Jn. 14, 23)

¡Yo estoy habitado!

No estoy solo.

En lo más secreto de mi pobre ser de hombre está la presencia de Dios.

Y de un Dios que no es solitario, un Dios que es Trinidad, un Dios que es amor.

Un Dios que es Padre, un Dios que es Hijo, un Dios que es Espíritu Santo.

Pero es un Dios a quien el amor hace Uno.

Es un Dios cuyo amor me hace capaz de volverme una sola cosa con él: *«Como tú, Padre, en mí y yo en ti, que también ellos sean una sola cosa en nosotros»* (Jn. 17, 21).

Yo creo que no existe para el hombre un momento más importante, más bello, más dramático, más decisivo, más radical que el momento en que toma conciencia o, mejor, en que «vive» esta realidad.

Cuando Dios se revela en su naturaleza unitaria o en su dinámica trinitaria, en el mismo centro del corazón del hombre se opera la Pentecostés.

El alma se llena de fuego y se siente embriagada de luz y de vida.

Es como si superara sus límites; como si saliese de su viejo «país» terreno para entrar en la nueva tierra de Dios.

Toca por primera vez la verdadera frontera de la dimensión cristiana y aprecia la naturaleza del reino.

El primer pensamiento que acude a su mente es el de la superioridad del valor del nuevo descubrimiento, por lo que se vuelve real y auténtica la actitud de quien está decidido a venderlo todo para comprar *«aquel campo»* (cf. Mt. 13, 44) o adquirir *«aquella perla»* (cf. Mt. 13, 45-46).

Después se abre camino en él la sensación de una seguridad jamás experimentada, una seguridad plena, gozosa, dinámica, una seguridad que ahuyenta el temor como el alimento aleja el hambre. Entonces se entiende la expresión de Jesús: *«No temáis, pequeño rebaño, porque vuestro Padre se ha complacido en daros el reino»* (Lc. 12, 32).

La seguridad comporta la saciedad.

Por primera vez verifica el hombre con la experiencia lo que significa no tener necesidad de nada, es decir, que Dios basta; exactamente como dijo Jesús: «*En aquel día no me pediréis nada*» (Jn. 16, 23).

Sí, no es necesario pedir cuando Dios está en el centro de tu ser y tú contemplas su modo de obrar, y él, en su infinita bondad, te hace entrar en este «modo de amar».

¿Qué quieres pedir cuando tienes al Todo en ti?

Además, hay otra cosa que es preciso decir en este punto.

En el mismo instante en que descubres experimentalmente o, mejor, vives experimentalmente la Unidad y la Trinidad de Dios en ti, descubres y vives la unidad de tu ser de hombre.

Ya no tienes necesidad de preguntarte: «¿Quién soy?»

Lo sabes, lo ves y lo vives.

Al encontrar a Dios en ti, te has encontrado a ti mismo.

¡Ahora sabes quién eres! Ya no hay necesidad de que otro te pregunte.

Porque no hay muchos misterios; hay uno sólo y, cuando se descubre éste, que es precisamente el de un Dios Trinidad y Unidad, has descubierto lo demás. Mejor, lo has visto.

Ahora puedes hacer lo que dice Jesús: «*No me pediréis nada*».

Esta es la plenitud vivida en esta tierra cuando se contempla la Unidad y la Trinidad de Dios, es decir, el modo en que Dios se ama a sí mismo y nos ama a nosotros en él.

Lo que de esto se deriva es la paz. Una paz plena, divina; una paz que hace amable incluso esta tierra de exilio. Una paz como la que prometió Jesús: *«Mi paz os doy»*, portadora de ese consuelo que tanto necesitamos nosotros, que vivimos aún lejos de él, y, no obstante, tan cerca, mejor, dentro de él.

Porque aquí es donde está precisamente el enigma: Dios ha venido ya, y, sin embargo, viene y vendrá como el reino que ya está en nosotros, mientras nosotros vamos hacia él.

Es la dinámica de la Trinidad, que es una dinámica de amor, es decir, inexhausta.

Tú amas y amarás más.

Tú estás dentro y debes entrar más adentro.

Y este movimiento no cesará jamás, ni siquiera en el paraíso, porque el amor de Dios aumentará en ti hasta el infinito.

* * *

Es así exactamente.

Dios ha venido ya y aún debe venir; Dios está en mí y yo, como la esposa, lo sigo esperando en la oscuridad de la fe, en la tensión de la esperanza, en el don de la caridad.

Le parece extraño a quien no está todavía acostumbrado a esta dinámica de Dios, pero nada es más verdadero que este modo de proceder de Dios.

Ha venido en la creación de la luz, y ha venido más aún en Adán.

Ha venido en Jacob, pero vendrá más todavía en Elías.

Ha venido en Abraham, pero vendrá más aún en Pablo.

El Dios que viene procede con el tiempo y con la historia, y se localiza en la geografía del cosmos.

Por esta razón todo es sagrado y tú puedes sentir su presencia en la materia, pero la puedes sentir infinitamente más en el pan eucarístico.

Todo avanza hacia la divinización del hombre y su transformación en hijo de Dios.

Hay una presencia en el germen, hay una presencia en el desarrollo y hay una presencia en la plenitud del ser.

Dios está en el germen, en el desarrollo y en la plenitud.

Por esto ha venido, viene siempre y seguirá viniendo. La espera es lo nuestro.

Y rezar significa esperarlo a él, que viene; vivir significa acogerlo a él, que ha venido; y morir significa esperar en él, que vendrá.

Hasta el fin.

Y cuando venga la última vez en nuestra historia, será el Apocalipsis, es decir, el momento de la madurez absoluta, de los esponsales, del banquete, de la posesión eterna.

Los cielos nuevos y la tierra nueva son como la proclamación mesiánica de un tiempo en que la plenitud y el gozo de la posesión de Dios sale al encuentro de los cielos viejos y de esta tierra vieja, que Dios no poseía aún, dada nuestra resistencia, pero que ya buscaba.

CAPITULO II

> *«Abrí a mi amado,*
> *pero mi amado se había ido»*
> (Cant. 5, 6)

Encontrar a Dios, experimentarlo en la intimidad de nuestro ser, vivir durante una sola hora en el fuego de su Trinidad y en el gozo de su Unidad, es una cosa tan alta que nos hace exclamar con toda lucidez:

—Ahora he entendido. Tú solo me bastas.

Entonces es cuando las más bellas expresiones del Cantar de los Cantares se vuelven verdaderas y a nosotros nos gusta repetir a Dios las mismas cosas que el amor del hombre ha inventado en esta tierra:

> *«¡Béseme con los besos de su boca!...*
> *Más dulces que el vino son tus amores;*

suave es el olor de tus perfumes;
tu nombre es un ungüento derramado».

(Cant. 1, 1-2)

«Dime tú, amado de mi corazón,
dónde estás apacentando,
dónde llevas el ganado a mediodía,
para que yo no ande más errante
tras los rebaños de tus compañeros».

(Cant. 1, 7)

«¡Una voz!... ¡Es mi amado!
He aquí que ya llega
saltando por los montes,
brincando por los collados.
Semejante es mi amado a una gacela,
a un ágil cervatillo.
Vedle ya aquí apostado
detrás de nuestra cerca.
Mira por las ventanas,
espía por las celosías.
Alza la voz mi amado y me dice:
'Levántate, amada mía,
hermosa mía, ven'».

(Cant. 2, 8-9)

Entonces es cuando comprendemos la dimensión del paraíso; entonces es cuando vemos cómo están las cosas en realidad y cuán bueno es verdaderamente Dios.

Pero es también entonces cuando se advierte que las cosas no pueden seguir así y que la fragancia de esa hora, para mantenerse en su dimensión de gratuidad, debe ser ruda y duramente pagada.

Tal vez porque sería demasiado bello.

¿Quizá porque la contemplación destruiría en raíz tu obrar?

¿Porque ya no te moverías, por ventura, como en una luna de miel demasiado perfecta?

¿Acaso porque empezaría aquí el paraíso, mientras que el camino es todavía largo y la posesión del Amado inmadura?

Sí, todo esto y muchas otras cosas son verdaderas.

Pero hay una que me parece más verdadera, y la he entendido, desgraciadamente, muy tarde.

Ya no serías libre.

Y Dios está terriblemente preocupado por tu libertad para amarlo.

El, en el fondo, está preocupado por celebrar contigo un matrimonio interesado.

El sabe que te puedes asfixiar con la grandeza y cantidad de sus dones.

Es difícil un matrimonio entre dos que se encuentran en condiciones tan diversas.

El te trae su Todo, mientras que tú no le puedes llevar más que tu nada.

¿Cómo arreglárselas para conciliar una distancia tan grande?

¿Cómo podrá cerciorarse él de que tú no lo buscas por interés?

¿Cómo sabrá que tú vas a él porque no has encontrado a otros?

Porque, ¿habrás ido a él por el placer que te proporciona?

Sería un amor demasiado fácil y mezquino.

Cuando la Biblia dice que Dios es un Dios celoso, dice solamente lo que es verdad.

Pero los celos de Dios no son como los nuestros.

El está celoso porque tiene miedo de que en lugar de amarlo a él, en su Ser desnudo, amemos sus cosas, sus riquezas, sus dones, el gozo que nos brinda, la paz que nos dispensa, la verdad que nos regala.

Dios no es sólo celoso en su amor; es trágico en su amor.

Antes de hacerte suyo, antes de dejarse poseer, te dilacera o, mejor, encarga a la historia de que te dilacere.

Mira cómo obra:

«Yo dormía, pero mi corazón velaba...
¡Una voz! Mi amado que llama:
'Abreme, hermana mía, amiga mía,
paloma mía, mi perfecta;
mi cabeza está cubierta de rocío,
mis bucles, del relente de la noche...'
'Me he quitado ya mi túnica,
¿he de ponérmela otra vez?
Me he lavado los pies,
¿los volveré a manchar?'
Mi amado metió la mano
por el cerrojo de la puerta;
al oírlo, mis entrañas retozaron.
Me levanté para abrir a mi amado,
y mis manos destilaron mirra,

mirra virgen mis dedos,
en la manilla de la cerradura.
Abrí a mi amado,
pero mi amado se había ido».

(Cant. 5, 2-6)

Así obra.

Precisamente cuando tú has decidido ser suya, él se va... y lejos.

En efecto:

«Se me fue el alma tras de él.
Lo busqué y no lo encontré,
lo llamé y no respondió.
Los centinelas me encontraron,
los que hacen la ronda en la ciudad;
me golpearon, me hirieron,
me arrancaron el velo
los guardias de los muros.
Yo os conjuro, hijas de Jerusalén,
si encontráis a mi amado,
¿qué le vais a decir?
Que de amor languidezco».

(Cant. 6, 6-8)

* * *

Durante mucho tiempo en mi vida me he venido preguntando cómo así Dios tiene un modo tan extraño de comportarse.

¿Por qué calla tanto tiempo?

¿Por qué es tan amarga la fe?

El, que todo lo puede, ¿por qué no se revela a los hombres de un modo más clamoroso?

Qué le cuesta bajar a las plazas, entre los hombres que gritan: Dios no existe; dar una bofetada a los que más ruido hacen y decir o, mejor, gritar: «No creáis en lo que dicen estos ignorantes: yo estoy aquí; es más, a fin de que os convenzáis de verdad, os emplazo para mañana por la tarde en el museo de Leningrado. ¡Ya veréis lo que hago! Lo haré añicos, y lo reduciré a tarjetas recuerdo».

Se diría que, por el contrario, hace todo lo posible para callar hasta tratar de demostrarme que él no existe y que hago un pésimo negocio siguiéndole, y que tal vez sea más interesante que yo intente poseer la tierra.

O ¿es que no hay hombres que ante su silencio no se convencen de su no existencia? ¿Acaso no hay otros que incluso se escandalizan del modo con que se dirigen las cosas?

Si Dios existe, ¿por qué se da el mal?

Si Dios es amor, ¿por qué hay dolor?

Si Dios es Padre, ¿por qué existe la muerte?

Si llamo, ¿por qué no me abre?

Estas y otras cosas pensaba yo cuando era novicio en su escuela.

Pero después, caminado pacientemente, sin dejarme impresionar por las primeras dificultades, resistiendo a su puerta con la tenacidad de quien hace la huelga del hambre, sobre todo, creyendo en el Evangelio como cosa verdadera e inexorable, he empezado a ver cómo estaban las cosas, a descubrir el modo de obrar de Dios y a distinguir su paso afelpado.

He llegado a no sorprenderme de que me tratara como a la esposa del Cantar de los Cantares y de que se alejara cuando yo abría la puerta.

El debía abrirla, no yo, que siempre tengo prisa.

El pecado es la prisa de Adán, y mi lujuria de posesión es más fuerte que el verdadero amor por él.

¡Espera!

Oh, ¡qué angustia en quien «espera», qué vacío en esa ausencia!

Pero luego, poco a poco, comencé a entender, como jamás lo hiciera, que él estaba presente en aquel vacío, en aquella ausencia.

A mí, que estaba sediento de presencia, se me presentaba como ausencia, para excitar mi deseo. De esa manera me veía obligado a purificar mi fe y a decirle que le creía, no por interés, sino por amor.

A mí, que estaba sediento de su luz y de sus cosas verdaderas, se me presentaba como tinieblas.

Nunca he entendido, como en ese instante, el significado de la nube que guiaba al pueblo de Dios por el desierto.

Si quieres el abrazo de Dios, si quieres llegar a la tierra prometida, acepta hasta el fin el escándalo de las cosas que no entiendes.

El amor tiene siempre algo de irracional; y de lo que nosotros llamamos locura hay siempre un poco en esta síntesis de misterios.

¿Es que Jesús no fue vestido de loco antes de ser vestido de sangre?

Pero no basta.

A mí, que estaba ansioso de su posesión, se me presentaba como insensibilidad en los fríos albores del desierto.

«Antes de aceptar tu abrazo, quiero la prueba de tu fidelidad.

¡Eres demasiado sensual, para que yo me dé en festín a tus ansias tan faltas de amor e impregnadas de egoísmo!

Tú crees que me amas a mí, pero en realidad te amas a ti.

Es siempre la misma historia.

Tienes que caminar mucho antes de salir de ti y de tus cosas.

Yo he salido de mis cosas para venir a ti.

¡Haz tú otro tanto!

Espérame toda la vida como si viniera cada tarde: yo estaré presente, y tú no me verás; yo seré tu lámpara, y tú no te percatarás; yo te abrazaré, y tú no sentirás nada.

Así me enteraré si tú amas a Dios porque es Dios o lo amas porque te soluciona la papeleta.

Te he dicho que mi temor es un matrimonio de interés: ¡un Dios corre siempre este peligro!

Quiero salvaguardarme.

Tú tendrás que amarme porque soy el amor, no porque te guste».

Sí, el amor, no el poder; el amor, no la tranquilidad; el amor, no el placer.

Entonces llegué a comprender lo que significaba la fe desnuda, la esperanza sin memoria y la caridad sin placer.

He comprendido por qué Dios no respondía a

nuestro delirar, por qué nos purificaba con el dolor y con la muerte.

Quería acostumbrarme a sus celos.

Quería hacerme entrar profundamente en la idea de que para él el pecado es sinónimo de traición, no de violación de la ley; adulterio, no ilusión de pureza; posible error, mal gusto, inmadurez, no motivo de condena.

Hermanos míos, os lo digo con todas mis fuerzas: no tratéis de corromper a Dios; no lo conseguiréis ni siquiera con vuestro fingido llanto, como hacen las mujeres cuando quieren que ceda el amante.

Dios, en su amor por nosotros, es inexorable como la muerte y está dispuesto a esperar hasta el juicio universal, pero no a cambiar sus ideas sobre nuestro egoísmo.

Por esto me permito deciros: hace falta paciencia.

No hay que pretender la visión beatífica después de diez minutos de recogimiento.

No busquéis en la oración el placer o el gusto, ni os envolváis en el humo del sentimiento.

No vayáis a la caza de Dios como la última curiosidad de vuestra vida o como el último amante de vuestra vejez.

Aceptad la fe tal como es: desnuda, y esperad toda la vida a ese Dios que viene siempre y que no se ofrece a vuestra curiosidad, sino que se desvela a vuestra fidelidad y humildad.

Aceptad la esperanza, que es la huella indeleble, que él ha dejado en el fondo de vuestra alma como una nostalgia infinita de cielo. Aceptad la caridad como la manera de que Dios se sirve para amar, es decir, abandonando a su Hijo predilecto a los tormentos del Calvario por la salvación de todos.

Jesús abandonado, ¿no es por ventura el modelo de la prueba más sublime de amor del «amado» y el sostén más fuerte en el momento en que nos sentimos verdaderamente solos?

* * *

Ahora recuerdo una historia que podría ser verdadera. Eran dos jóvenes prometidos: una maravilla.

Belleza, salud, identidad de miras y, sobre todo, identidad sobre el don de sí mismos.

Esperan el día en que serán una cosa sola y proclamarán con Cristo resucitado su unión como signo sacramental de victoria y de superación de sí mismos.

Incidente automovilístico: vuelca el coche en el asfalto de la carretera y la gasolina incendiada muerde las carnes de la joven.

Cuando el prometido logra sacarla de entre las chapas retorcidas, encuentra a su amor deshecho en la belleza del cuerpo y agravado por una enfermedad para siempre.

¿Te casarás conmigo, a pesar de todo?

Sí, me casaré contigo porque en ti he amado algo que va más allá del cuerpo.

Pues bien: si esto se realiza, ese hombre o esa mujer pueden comprender por qué Dios se ampara en la fe desnuda para hacerse amar por nosotros.

CAPITULO III

> *«Dios eligió lo débil*
> *del mundo*
> *para confundir a los fuertes»*
> (1 Cor. 1, 27)

Si afirmo que Dios se nos presenta como ausencia, como tinieblas, como silencio, corro el riesgo de oír que me responden: ¡Exagerado!

Y, sin embargo, yo he experimentado que es así.

Pero subiendo desde la experiencia hasta la Biblia, me ha resultado fácil encontrar las razones que me justificaran, hablando al modo humano, y, en términos bíblicos, los textos escriturísticos que defendieran mi tesis.

¡Cuánto me ha ayudado este descubrimiento en lo más hondo, es decir, en el modo como Dios se revela a nosotros!

En verdad, ha trastornado mi modo de pensar.

Veámoslo ahora juntos en las líneas generales, dejando luego a cada uno que continúe la indagación sobre los particulares.

Helo ahí.

La humanidad espera a Dios. El pueblo elegido, que es como la vanguardia de la marcha, y, por ende, más sensible a la espera, clava los ojos en el horizonte. El Mesías debe estar cerca.

¿Qué es lo que busca este pueblo—su pueblo—en él?

¿Cuáles son los rasgos que habrá que descubrir, a primera vista, a su llegada?

El poder, la gloria, la luz deslumbrante, el triunfo.

¿Qué es lo que llega?

La debilidad, la pequeñez, la oscuridad, el anonimato.

¿Quién ha descubierto la venida de Dios bajo los velos de la carne de un niño indefenso?

¡Nadie!

María, la pobre madre de Jesús, estrecha entre sus brazos al «desconocido» de las gentes, al verdadero «Dios escondido» de Isaías.

Todos los que esperaban no lo han visto.

Nadie se ha movido de Jerusalén, la ciudad santa, el escabel del trono de Dios.

No, ¡aún peor! Alguien se ha movido, pero para matar al inoportuno que llegaba de manera diversa a como era esperado.

El pueblo más religioso de la tierra, el pueblo elegido no vivía más que de aquella espera, y tal espera se había vuelto espasmódica, se sentía en el aire.

¿Qué es lo que buscaba este pueblo en el horizonte de la Mesianicidad, en la aurora de todas las profecías?

Al hijo de David, al vencedor, al Dios de los ejércitos, a aquel que restauraría el reino, a aquel que, finalmente, vencería a los romanos. Triunfo, victoria, seguridad: ¡siempre lo mismo!

¿Qué es lo que llega?

Un pobre obrero, oculto en una aldea escondida y, para colmo, despreciada.

No hay nada que hacer. Después de tantos años, nadie se ha dado cuenta.

Los ojos buscaban algo bien diverso del sudor de un obrero o del anonimato de un pobre.

Y ¿cómo termina la historia?

El choque entre él, que se proclama Hijo de Dios, Mesías, y aquellos que no pueden aceptar semejante modo de proceder llega al culmen y se resuelve con la crucifixión de un inocente.

Decidme ahora si Belén, Nazaret o el Calvario no son la demostración del silencio de Dios, de la pobreza de Dios, verdaderos caminos que él recorre para venir a nosotros y darse a conocer.

¡Y son tinieblas!

Oh, no tinieblas para él y en sí, que nada es más luminoso que el anonadamiento de Jesús en Belén, que la realidad de la encarnación en Nazaret, que el amor infinito que brota del Calvario.

Esa es luz, y ¡qué luz!

Pero son tinieblas para nosotros, que cacareamos nuestro nombre, mientras que Dios es silencio.

Tinieblas para nosotros, que queremos el poder, mientras que Dios es mansedumbre.

Tinieblas para nosotros, que queremos gozar siempre, mientras que Dios es servicio y amor gratuito, y a menudo doloroso.

Incluso la Iglesia, que—por su obligación—es lo más íntimo del pensamiento de Dios, sufre continuamente deslumbramientos en este sentido y por este camino.

Sabe perfectamente que él ha dicho: *«Mi reino no es de este mundo»* (Jn. 18, 36); y ella se hace un reino, el Vaticano, aunque sea muy pequeño.

Sabe perfectamente que la dulzura de Jesús y su no violencia le sugirió a Pedro: *«Mete la espada en la vaina»* (Jn. 18, 11), y ella, a la chita callando, y con frecuencia escondiendo la mano, ha sacrificado a bastantes por «celo» de Dios.

Se recuerda, y ¡cómo si se recuerda!, que él llegó a Jerusalén caballero sobre un borriquillo, rechazando siempre el triunfo, sin aceptar jamás que lo hicieran rey, y ella, pobrecilla, se meció a menudo en el reino y amó el triunfo, hasta el punto de que precisamente para ella se ha acuñado la denominación de «triunfalista».

Es que resulta difícil creer a Dios, es difícil entenderlo en su íntimo pensamiento y más difícil todavía escucharlo. Y se puede ser perfectamente y con todos los honores «esposa suya», y... encontrarse envueltos en cosas que ciertamente le desagradan, porque contradicen su pensamiento.

Y no debemos siquiera encandalizarnos, conociendo la realidad de la debilidad humana, que es infinita, pero que no supera la misericordia de Dios.

* * *

Ahora ya no me sorprendo cuando entre él y yo percibo tinieblas, cuando entre su pensamiento y el mío se mezcla la oscuridad o la incapacidad de obrar, y cuando a mi sed de abrazos él me responde *«ausentándose»* y dejándome en la amargura de la espera prolongada.

Sé que confía en mi fe, que es la primera prueba seria de mi amor por él.

La fe es como la placenta que recubre el feto, que soy yo, incapaz todavía de mirar la luz.

La fe es como el período de noviazgo en el que me queda aún el poder de decirle que no, al no ver claro el camino que tengo que recorrer.

La fe es como el salvoconducto que él ofrece a mi libertad en el amor.

La fe es, asimismo, el poder que tengo en mi vida de demostrarle mi amor gratuito.

La fe es la auténtica prueba del amor.

La fe es mi verdadera riqueza, mi única fuerza.

Si Dios es grande y viene a mí con la inmensidad de la creación, yo voy a él con la grandeza de mi aceptación de criatura.

Si Dios es amor y viene a mí con la locura de su cruz, yo voy a él con la locura de mi creer.

Si Dios es libertad y viene a mí aceptando el riesgo de mi libertad, yo voy a él aceptando el riesgo de mi fe.

En ningún momento me pongo en el mismo terreno que Dios como cuando vivo mi fe oscura, que tan a menudo es tinieblas para mis ojos enfermos.

Yo no digo que es fácil aferrar en seguida el pensamiento de Dios; digo solamente que la fe me da el poder de creer en lo que no entiendo.

Por esto la razón no es siempre un razonamiento evidente.

No reprendo a los contemporáneos de Jesús por no haberlo entendido; me sorprendo de que no hayan creído.

La grandeza de Abraham no está en haber entendido, sino en haber creído. Tenía suficientes señales para creer; fue lógico en su fe, no en su razonar.

¿Cómo podían entender los patriarcas el plan de la salvación, encerrado aún en el corazón y en el misterio de Dios?

Han creído, simplemente, y con esto nos han dado un excelente testimonio, según dice san Pablo en la carta a los Hebreos:

«Todos estos murieron en la fe, sin haber obtenido la realización de las promesas, pero habiéndolas visto y saludado de lejos y reconociendo que eran huéspedes y peregrinos sobre la tierra. Ahora bien, aquellos que hablan así, demuestran claramente que buscan la patria» (Heb. 11, 13-14).

Todo esto significa para nosotros algo muy importante, que puede trastornar el modo de concebir nuestra relación con Dios y dar un significado completamente diverso a los días de nuestra existencia terrena.

El hombre es algo absoluto, radicalmente autónomo y libre, y Dios le deja en su autonomía y libertad.

En cada uno de nosotros reina el caos primigenio, en el cual, como dice el Génesis: *«Las tinieblas cubrían el abismo»* (Gén. 1, 2).

Pero sobre cada uno de nosotros, como entonces, *«el Espíritu de Dios aletea sobre las aguas»* (Gén. 1, 2).

En cada uno de nosotros se encuentra Adán, que habla con Dios, que huye de Dios, que peca y que, por desgracia, es capaz de engendrar a Caín en un abrazo lujurioso, que le hará llorar durante toda su existencia.

Pero la misericordia de Dios nos trae la fe a cada uno de nosotros como a Abraham, nos da la vocación como a Moisés, desentraña la sed de la oración como a Elías y da la esperanza como a Jacob.

Todos estos gigantes del pasado están en nosotros, o, mejor, nosotros podemos vivir sus mismos dramas, sus mismas realidades divinas; y nosotros avanzamos con ellos hacia la venida de Cristo.

Después, con el misterio de la encarnación, viene a nosotros Cristo como a María, y nosotros podemos vivir la intimidad divina de su plenitud.

Toda la Biblia es vivida en nosotros, habla en nosotros y se funde poco a poco con nuestra sangre, con nuestra experiencia, con nuestro amor.

Todo se vuelve esperanza en un Dios que viene, pero que nos hace experimentar el dolor y la espera del adviento, el llanto de Jeremías, la paz de Amós, las imágenes de Oseas y las visiones de Zacarías.

Pero para que esto se haga vital es necesario mi asentimiento, mi aceptación libre y amante.

Con frecuencia tal aceptación es fácil, evidente, racional, diríamos.

Pero también a menudo es oscura y a veces dolorosa.

Entonces es cuando mi amor se ve comprometido y la fe se vuelve su prueba.

De nada sirve el charlar en esos momentos, ya que Jesús mismo me ha advertido: *«No el que dice: Señor, Señor...»* (Mt. 7, 21).

Son los hechos lo que vale, y los verdaderos y radicales.

Propongo un ejemplo fácil para explicarme.

La mujer que dice que quiere bien a su marido dice algo muy fácil, normal, cuando él está a su lado y no deja que le falte nada de lo que espera, necesita o ama. Pero cuando el esposo está lejos, cuando la espera se prolonga durante meses y años... cuando se abre camino la duda acerca de su vuelta, ¡entonces es cuando empieza la auténtica prueba de la veracidad del amor!

¡Qué luz, qué esplendor en la posibilidad de resistir de esta criatura, mientras con los ojos clavados en la muchedumbre anónima trata de descubrirlo a él, a él solo!

¡Qué poder de testimonio real, vivo, fuerte, emana de la vigilancia fiel, de la esperanza indiscutible que vive esta mujer tras la puerta amarga de la espera!

Oh, ¡cómo nos gustaría a cada uno de nosotros ser el esposo que viene disfrazado con los harapos de un pobre misterioso, que ella no conoce, pero a quien no hace más que relatar y relatar la certeza de su retorno y la dulzura de su amor!

Pues bien: cuando todas las tardes las tinieblas envuelven mi plegaria, él, Dios, está allí, entre los harapos del pobre que me mira.

Cuando soporto en la fe oscura la espera prolongada del Dios que viene, él ya ha venido a mí y me abraza silenciosamente con el mismo abrazo que yo le doy a él con mi fidelidad.

CAPITULO IV

> *«Jesús les dijo:*
> *'Yo soy el pan de la vida'»*
> (Jn. 6, 35)

Parece una fábula y, en cambio, es la verdad.
Dios se ha hecho pan en Cristo. ¡Dios viene a
mí oculto en un pedazo de pan!

En la meditación precedente hemos terminado
diciendo que el esposo vendría disfrazado con
los harapos de un pobre desconocido a buscar a la
esposa que le espera, y que nosotros hubiéramos
deseado estar bajo aquel disfraz que nos acercaba
tanto al objeto de nuestro amor.

Pues bien: la eucaristía es esta pobreza de
Dios, es este ocultamiento cercano de Dios, es
este venir a lo íntimo de nuestra morada en la
fe pura. Pensándolo bien, es como para quedarse
alelados de sorpresa. O Cristo es un loco que de-
lira y dice cosas que carecen de cualquier sig-

nificado, o es en verdad el amor omnipotente y misericordioso que ha encontrado el camino más recto para llegar a nuestra intimidad sin impresionarnos ni asustarnos, así, simplemente, lo más simplemente que pueda imaginarse.

¿Nos entretenemos un poquito con esta presencia de Cristo bajo el signo del pan? Desde el comienzo del libro venimos hablando de presencia, y de presencia de un Dios personal.

Dios se ha hecho presente en Adán como creación, se ha convertido en voz en Moisés, conciencia en Abraham, experiencia en Elías, intimidad en Jacob.

Como si no bastara, se ha vuelto presencia «visible y palpable» en Jesús, Padre en su revelación más profunda, Espíritu Santo en la plenitud del don de sí mismo.

¡Ya podría bastar!

Ahora no le faltan al hombre que busca a Dios citas y lugares de encuentro; basta quererlo encontrar.

Pues bien: la inventividad de Dios, la creatividad de Dios, ha hallado todavía un modo para concretar o actualizar su presencia entre nosotros, cerca de nosotros, ante nosotros, a dos pasos, dentro de nosotros.

Se ha convertido en un pedazo de pan.

Tal vez muchos de vosotros conocen el relato.

«El Señor Jesús, en la noche que fue entregado, tomó pan, y habiendo dado las gracias, lo partió y dijo: 'Este es mi cuerpo que se da por vosotros; haced esto en memoria mía.' Y, asimismo, también el cáliz, después de cenar, diciendo:

'Este cáliz es el nuevo testamento, en mi sangre; cuantas veces lo bebiereis, haced esto en memoria mía'» (1 Cor. 11, 23-25).

Es difícil creer en unas palabras tan tremendas y perturbadoras de Cristo.

Pero es, asimismo, difícil librarse de ellas.

Yo no lo consigo, y si lo hiciera, pecaría contra el Espíritu.

Por eso digo: yo creo en lo que Jesús ha dicho, yo creo que este pan de vida es Cristo junto a mí, es Cristo convertido en pan por mí, es Cristo hecho presencia para mí.

Lo sé que este acto de fe es oscuro, como la noche, pero puedo aseguraros que no hay nada tan claro como esta noche.

Durante días y más días he fijado los ojos en este pan, he vivido durante semanas en grutas del desierto con esta única presencia y siempre, siempre me ha dicho él en la fe:

«Estoy aquí, no temas.

Estoy aquí, y te amo.

No temas la oscuridad; sé niño ante mis palabras.

Yo he querido convertirme en pan para que los hombres me comieran; para que comiéndome a mí, coman la vida eterna.

Por lo demás, ¿qué ha de extrañarte que yo haya querido volverme pan por amor?

¿No has hecho nunca una experiencia amorosa?

Cuando has amado, y amado de verdad, ¿no has deseado volverte pan para quien amabas?

135

¡Oh, poder entrar en las entrañas de la persona amada!

¿No haría esto una madre por su hijo?

¿No hace esto el esposo por la esposa?»

Tú puedes protestar contra la eucaristía hasta que quieras, pero el día en que seas realmente invadido por el amor, tal vez entiendas que Jesús no es un estúpido y tampoco un loco.

¡Poder volverse pan!

¡Poder alimentar al mundo entero con mi sangre y mi carne!

Amigos míos, yo soy terriblemente egoísta y medroso ante el sufrimiento, pero os digo con sinceridad: si pudiera convertirme en pan para salvar a todos los hombres, lo haría.

Si pudiera volverme pan para saciar el hambre de todos los pobres, me arrojaría al fuego de una vez para siempre y no retrocedería.

No, la eucaristía no es una cosa extraña: es la cosa más lógica del mundo, es la historia del amor más grande que se haya vivido en esta tierra por un hombre llamado Jesús.

Cuando miras este pan, cuando lo tienes en la mano, miras y tienes la pasión y muerte de Cristo por la humanidad. Este pan es la conmemoración de su muerte por nosotros. Este pan es la proclamación de su resurrección, por lo que también nosotros podremos resucitar un día.

Este pan es el resumen viviente de todo el amor de Dios por el hombre.

Desde el Génesis hasta los profetas, desde el Exodo hasta el Apocalipsis, todo es aspiración hacia este terrible misterio del amor trágico de un Dios por el hombre. Dios, que se hizo presente en la primera alianza, que se hizo más presente en la encarnación, se hace más presente aún en este misterio del pan de vida.

Tú puedes tener entre tus manos a Dios, como un pedazo de pan: es la presencia más cercana y personificada que se pueda imaginar.

Sólo su presencia gloriosa en el banquete mesiánico superará a esta presencia actual de Jesús bajo un pedazo de pan encerrado en mi macuto de viandante por los caminos del reino.

¡Tú puedes llevarlo contigo!

¡Oh, cómo deseo que llegue pronto el día en que cada cristiano, después de la misa, lleve la eucaristía a casa, se construya un pequeño oratorio para honrar la presencia de Dios en la intimidad del hogar y pueda extraer de este misterio la fuerza de amar y la dicha de vivir!

* * *

En el misterio eucarístico, en el sacramento del pan de vida, Dios se ha hecho verdaderamente todo para todos.

Cada uno puede verlo, tocarlo, cogerlo, comerlo, contemplarlo, localizarlo y, por fin, si quiere, puede pasar con él todo el tiempo que su amor le inspira.

Y todo ello sin turbación, sin falsos temores, sin peligrosas presiones de la sensibilidad, sin derretimientos atribuidos al gusto, sin obsesiones creadas por la voracidad y la debilidad psíquica.

Si se hallara entre nosotros otro modo más

llamativo, más gustoso, más triunfal, nos sentiríamos anonadados o, por lo menos, asustados.

Así, bajo las especies de pan nos deja completamente libres, obra sólo sobre la fe, de la cual es el *«gran misterio»;* estimula sólo la esperanza, de la cual es *«conmemoración»;* reaviva la caridad, de la cual es alimento y modelo.

¡Es realmente una cosa extraordinaria la presencia eucarística! Sólo Dios podía encontrar un modo de presencia tan inteligente y cercana sin arrastrarnos a complicaciones peligrosas para la sensibilidad, la voracidad, la sensualidad o el egoísmo del hombre.

Nosotros sabemos incluso demasiado bien lo que les sucede a los criados inmaduros o a los empleados distraídos cuando está presente el dueño o el jefe de oficina, o, mejor, cuando está al alcance de su vista.

Se vuelven fácilmente falsos, se agitan para demostrar su celo, adulan para hacer carrera y con frecuencia se prostituyen para agradar al más fuerte.

Y nosotros, no debemos olvidarlo, somos criados inmaduros y empleados distraídos.

No, con Dios no sucede esto. Nos deja toda la vida en la oficina sin dejarse ver jamás, nos abandona en el campo tras el arado, diciéndonos que ha marchado y que volverá al final de los tiempos.

En cambio, está allí, precisamente allí, y la fe y el amor te lo ponen delante en lo íntimo de tu compromiso, cerca de ti en el campo, oculto en un pedazo de pan, que llevas en el macuto.

¡Y te mira!

Y no te dice nada, ¡ni una sola palabra!

Así se le ofrece la ocasión de ver el grado de tu amor, o, mejor, porque no hace de jefe de oficina o de inspector, te deja todo el tiempo a disposición para que madures en el verdadero amor por él, de modo que aprendas

a amarlo gratuitamente;

a amarlo porque es el amor, no porque es poder;

a amarlo porque es la luz, no porque te gusta;

a amarlo porque es la vida, no porque es la seguridad o un paraíso de bienestar.

* * *

Pero, sin quererlo, he anticipado lo que debe venir después, porque lo que hay que decir por anticipado es que él está allí como alimento.

El pan es alimento.

La eucaristía es alimento.

Dios, antes de ser amistad, es pan; antes de ser tu juez, es alimento tuyo.

En efecto, lo ha dicho: *«No he venido para juzgar al mundo, sino para sarvarlo»* (Jn, 12, 47).

No es el jefe de oficina que me mira; es el hermano que me alimenta.

Es el alimento que me transforma.

Habría hecho un camino inútil para venir a constatar mi miseria, mi debilidad y facilidad para prostituirme.

Es mucho mejor que haya venido para cambiarme.

Y me cambia dándose a sí mismo en alimento.

Y me cambia dejándose comer por mí.

Releed todo el discurso de Jesús, pronunciado en la sinagoga de Cafarnaúm y relatado enteramente por Juan.

Este escandaloso discurso, incomprensible para quien permanece fuera; este enigma que ha puesto en crisis a la mayoría desde entonces, sigue ahí, ante nosotros, con toda la luz de su sencillez lineal y con toda su oscuridad para la razón pura.

«En verdad, en verdad os digo que si no comiereis la carne del Hijo del hombre y no bebiereis su sangre, no tendréis vida en vosotros. El que come mi carne y bebe mi sangre tiene vida eterna, y yo lo resucitaré en el último día. Porque mi carne es verdadera comida, y mi sangre verdadera bebida. El que come mi carne y bebe mi sangre, vive en mí y yo en él. Como el Padre que me envió vive y yo vivo por el Padre, así el que me come vivirá por mí. Este es el pan bajado del cielo, no como el que comieron los padres y murieron. El que come este pan vivirá eternamente» (Jn. 6, 52-58).

¿Qué es lo que podéis entender de este discurso si no lo aceptáis completamente con el alma de un niño, creyendo hasta el fondo que Dios amor ha querido verdaderamente darse en alimento a todos nosotros?

Y en él el deseo y el ser son la misma cosa.

Y ha venido a nosotros.

Y viene todos los días.

Y nos nutre con la vida eterna.

Y la vida eterna es él mismo.

Nosotros nos alimentamos de Dios.

Por esto poco a poco nos volvemos consanguíneos de Cristo.

Hijos del Padre.

Pueblo de Dios.

Al levantar el cáliz de la nueva alianza, proclamamos desde ahora el tiempo mesiánico en que, sentados a la mesa del amor, nos alimentaremos de amor y aspiraremos amor, que nos hará una sola cosa con el amor: Dios uno y trino.

CAPITULO V

*«Y la vida eterna es
que te conozcan a ti, Padre,
y al que tú enviaste, Jesucristo»*

(Jn. 17, 3)

Dios se ha hecho pan en Cristo para alimentarnos con «vida eterna»: *«El que come mi carne y bebe mi sangre, tiene vida eterna»* (Jn. 6, 54).

Pero ¿qué es la vida eterna de que nos habla Jesús?

El mismo nos ha dado la definición: *«Y la vida eterna es que te conozcan a ti, Padre, y al que tú enviaste, Jesucristo»* (Jn. 17, 3).

No podremos reprender a Jesús por falta de claridad: *«La vida eterna es conocimiento de Dios».*

Es conocimiento verdadero, auténtico.

Por eso llamo al Dios de mi fe el *«Dios que es»,* no el *«Dios que me parece que es».*

El que se nutre con verdad del sacramento, el que cree, puede decir con fuerza: yo conozco a mi Dios y me baso en las mismas palabras de Jesús: *«En verdad, en verdad os digo que el que cree en mí tiene vida eterna»* (Jn. 6, 47).

Yo creo, luego tengo la vida eterna, luego lo conozco.

En efecto, ¿cómo podría darme Dios el mandamiento del amor: *«Ama a Yavé, tu Dios, con todo tu corazón, con toda tu alma, con todas tus fuerzas y con todo tu ser»* (Dt. 6, 5; Mt. 22, 37; Mc. 12, 30; Lc. 20, 27), sin darme al mismo tiempo su conocimiento?

¿Cómo puedo amar una cosa que no conozco?

No me digáis que no conocéis a Dios, vosotros que creéis en él y os comunicáis con él en la eucaristía.

Si fuera verdad, querría decir que os comunicáis con él como cadáveres u os comunicáis con un mandamiento momificado por la ley y no con el Dios vivo.

Pero ¿no sabéis que Dios está vivo y que sólo los vivos pueden comunicarse entre sí?

Dios se comunica conmigo y comunicándose me da su conocimiento, del mismo modo que yo, comunicándome con él, le cuento mis cosas.

Yo le cuento mis cosas y él me cuenta las suyas. Y el sacramento, recibido con fe, es el vehículo.

Pero el que yo le cuente mis cosas y me haga conocer a él no es muy importante, porque él me ha precedido desde siempre y no tiene necesidad de que yo hable para conocerme, ya que lo sabe todo sobre mí.

«Yavé, tú me escrutas y conoces;
me conoces cuando me siento y cuando me
[levanto,
mis pensamientos calas desde lejos;
cuando camino o me acuesto tú lo adviertes,
escrutas todos mis caminos.
No está aún en mi lengua la palabra,
y ya tú, oh Yavé, la conoces entera;
por detrás y por delante me envuelves,
y tienes puesta sobre mí tu mano».

(Sal. 139, 1-5)

«¿Dónde iré yo lejos de tu espíritu,
dónde de tu rostro podré huir?
Si hasta los cielos subo, allí estás tú,
si en el seol me acuesto, allí te encuentras.
Si tomo las alas de la aurora,
si me pongo en lo último del mar,
también allí tu mano me conduce».

(Sal. 139, 7-10)

Mucho más importante es que él me cuente sus cosas y me hable de ese reino del cual viene y al cual yo tengo que ir siguiéndole a él, que es el «camino». Esto sí que es importante.

Cristo, viniendo a esta tierra, nos ha traído el «conocimiento de Dios»; Cristo, convertido en alimento para cada uno de nosotros, lleva a nuestro interior la revelación de las *«cosas ocultas»,* es decir, del cielo, como decimos nosotros en lenguaje popular.

Comiendo a Cristo, entro en las «cosas invisibles», entro en *el cielo* e inicio en mí ese inmenso proceso de desarrollo del conocimiento de Dios, que me debe conducir a la madurez de «hijo».

El sacramento me trae el conocimiento de Dios; el comer a Cristo como alimento de vida eterna me hace volver consanguíneo suyo, semejante a él y, como él, un íntimo del Padre.

Naturalmente, para que esto se verifique en su plenitud es necesario por parte nuestra la respuesta al sacramento; y esta respuesta es la plegaria como dinámica de la fe viva.

El viene a nosotros, pero nosotros hemos de ir a él; él se da en alimento, pero nosotros debemos darnos en don.

El sacramento está muerto sin la plegaria, del mismo modo que la fe está muerta sin las obras.

No se puede amar estando solos.

El amor de uno solo se queda estéril, en el vacío, sin la respuesta que lo acoja y fecunde.

No se puede escuchar el «sí» de Dios sin ofrecerle nuestro «sí».

El sí de Dios es el sacramento; nuestro sí es la oración.

A mí me parece que aquí está el verdadero motivo de la infecundidad y esterilidad de tantos sacramentos recibidos como rito y a los que no se responde con la oración viva y personal.

El sacramento dado a un hombre que no reza es como el alimento dado a un cadáver: aumenta el mal olor.

Es la oración, como respuesta al sí de amor de

Dios, la que vivifica en nosotros el sacramento y lo transforma en vida.

Es demasiado fácil recibir la comunión; es mucho más difícil quedarse un cuarto de hora inmóviles pensando en lo que se ha hecho, esforzándose con la fe oscura por adherir nuestra voluntad a la de aquel que ha venido a buscarnos con tanta gratuidad de amor.

No debemos cometer el error de escondernos demasiado tiempo tras la certeza o la excusa de que el sacramento obrará de por sí solo.

El sacramento obra, vivifica y fecunda solamente si tú estás vivo, y estar vivos significa creer, amar, rezar.

En una palabra: volvemos al ejemplo del amor conyugal.

No puedo confiar largo tiempo la fecundidad y vivacidad del matrimonio sólo a uno de los dos. O se ama juntos y se busca de verdad, o pronto o tarde sobrevendrá la crisis y luego el divorcio, si bien «a la italiana», es decir, sin tener el valor de denunciarlo.

* * *

La oración, que es fe en acto, la dinámica de la esperanza, el coloquio del amor, es insustituible en la auténtica posesión de la vida eterna, es decir, en el verdadero conocimiento de Dios.

Quien no reza no puede conocer a Dios en su vida íntima, que es la caridad teologal; puede conocerlo sólo desde fuera, como símbolo, como idea, como filosofía, como ciencia, como número, como espacio, como eterno.

146

No basta estudiar teología o ser exegetas inteligentes para conocer a Dios.

Dios, en su vida íntima, es incognoscible para el hombre.

Dios está «vedado» para el hombre.

Y Dios se hace cognoscible, se desvela sólo a quien se presenta ante él en actitud amorosa, no en actitud curiosa.

La oración—la verdadera oración—es la actitud auténtica con que el hombre puede presentarse a Dios para entrar en su vida íntima, que es la vida de la Trinidad, a fin de *que todos sean una sola cosa. Como tú, Padre, en mí y yo en ti, que también ellos sean una sola cosa en nosotros, para que el mundo crea que tú me enviaste»* (Jn. 17, 21).

Volvemos a repetir, y nunca con la debida insistencia, que la relación hombre-Dios, Dios-hombre, tiene como paradigma el matrimonio.

El amor conyugal es una imagen, si bien pálida, de las realidades que se van desarrollando poco a poco entre el Absoluto y la criatura, entre Dios y el hombre, entre Yavé e Israel.

Pues bien: en el amor conyugal no basta estudiar al amado, escribirle cosas bonitas o recibir tarjetas desde lejos.

Es preciso casarse, pronunciar el sí recíproco, entrar tras los velos de la intimidad, fecundarse entre la dicha, volverse íntimos, cultivar la amistad, estar juntos el mayor tiempo posible, identificar las voluntades; en una palabra: hacer de los dos una sola cosa, como dice la Escritura.

Pero pretender conocer al otro estudiándolo solamente en los libros o en las fotografías significa permanecer fuera del verdadero conocimiento, fuera del misterio.

Hoy, muchos de los que buscan o estudian a Dios hacen así: lo estudian en los libros, lo hacen objeto de especulaciones, se acercan a él por curiosidad intelectual.

Y ¿cuál es el resultado? Cuanto más se estudia, más se confunden las ideas; cuanto más se discute, más se alejan de él.

Yo pienso que aquí está la causa de la crisis en la Iglesia, una crisis de contemplación, crisis de oración.

El estudio ya no es la luz de la espiritualidad; la curiosidad ha sustituido a la humildad.

La seguridad en sí mismos y el desprecio del pasado es la falsa luz que guía el orgullo del hombre por el dédalo inextricable de la «falta de conocimiento de Dios», con la pretensión de aferrar la verdad únicamente con las fuerzas de la inteligencia.

Pero la verdad es Dios mismo, la verdad es el secreto de las *cosas de allá arriba*, y nadie puede conocerla sin la revelación de Dios.

¿Es que no nos lo había dicho Cristo, por casualidad?

En el cenáculo, a la pregunta comprometida que le formula Judas, no el Iscariote, de por qué no se manifestaría al mundo, sino sólo a sus amigos más íntimos, ¿no había respondido ya con extrema claridad: *«Si alguno me ama, guardará mi doctrina, y mi Padre lo amará, y vendremos a él, y haremos morada en él»* (Jn. 14, 23)?

Es sólo el amor el que provoca la venida de Dios a nosotros; su presencia viva en nosotros y su consecuente revelación.

«El que conoce mis mandamientos y los guarda, ése me ama, y al que me ama lo amará mi Padre, y yo lo amaré y me manifestaré a él» (Jn. 14, 21).

* * *

«Me manifestaré a él, me revelaré a él», aquí está todo el secreto de la oración contemplativa, toda la esperanza del hombre que busca, toda la fe de quien desea un contacto vital con Dios.

Por eso voy a rezar, por eso me levanto de noche y me pongo en la presencia de Dios, por eso espero al Dios que viene como Israel espera a Yavé, como la esposa del Cantar de los Cantares espera a su esposo.

Yo sé que Dios se revela a quien lo ama, a quien lo busca, a quien hace su voluntad; por eso espero su revelación rezando.

Yo sé que su revelación es personal, intimizada, adecuada a quien está frente a él con la fe; por eso busco la plegaria personal y no me contento con una relación genérica con él.

Yo sé que su revelación se refiere a las cosas de allá arriba, al reino invisible, a la vida íntima de Yavé; por eso no me contento con considerar el mensaje evangélico como un mensaje social o psicológico o como el impulso para una revolución humana, si bien radical y total.

Busco el cielo, no sólo la tierra, que es tienda que tendré que dejar un día.

Busco al Incognoscible en la vida divina, no el cognoscible que ya está en mí y que me resulta terriblemente aburrido porque ya lo he medido y superado.

Busco la vida trinitaria para salir de mis límites, no el amor terreno, que me sorbe el corazón y me deja en mi egoísmo.

Por eso rezo.

Rezo porque busco, y sé que hay Uno que se hace encontrar.

Y no necesito buscarlo lejos, porque el amor que me profesa le ha impelido a estar cerca.

Y cuando está cerca de mí, habla y me cuenta sus cosas.

Y sus cosas son eternas, infinitas.

Y no hay necesidad de entender sus cosas, como la Trinidad; basta contemplarlas.

Y la contemplación nos hace ver por encima de todo.

Más allá de ti.

Más allá de tus límites.

Más allá de tu pobreza.

Más allá de tu pecado.

Más allá de la historia de los hombres.

Más allá de la muerte.

CAPITULO VI

> *«Jesús dijo:*
> *'Mete la espada en la vaina'»*
> (Jn. 18, 11)

Uno de los errores más comunes que el cristiano puede cometer en el tiempo en que vivimos es el de trocar o identificar el mensaje evangélico con la evolución de la historia o con la revolución social. Y es un error del tiempo; por consiguiente, un error fácil de cometer.

¿Por qué?

El hombre de nuestros días—cristiano o budista, ateo o creyente, chino o americano—está haciendo el descubrimiento de las profundidades del hombre y de sus posibilidades científicas y técnicas de organizarse un poco mejor en esta tierra.

Los descubrimientos de Marx y de Freud —por citar solamente los más conocidos—, aun entre infinitos errores, deficiencias y exageraciones, han obligado a toda la humanidad a enfrentarse con problemas que yacían bajo las cenizas y han impelido a los pueblos a solucionarlos.

La marcha es irresistible, y no son ciertamente los militares torturadores de ciertos países en vías de desarrollo, los colonialistas, los racistas o los gobiernos totalitarios los que la frenarán.

¡Estaríamos buenos!

No podemos enfrentarnos con la historia de ciertas ideas: más tarde o más temprano terminarán triunfando.

La humanidad está dando un salto enorme hacia la igualdad de los hombres, la distribución de las riquezas, el sentido de la libertad y la fraternidad entre los pueblos.

Por otra parte, el poder de los medios de comunicación es tal que no podemos mantener nada oculto—como hacíamos antes—, de modo que los problemas, el malestar, el dolor o la injusticia de un pequeño pueblo e incluso de un solo hombre «indefenso» son condividos por millones de hombres decididos primeramente a solidarizarse y después a obrar para evitar esa injusticia, ese malestar o ese dolor.

Pero esos millones de hombres que sufren y aprietan los puños por las injusticias que se cometen en el mundo ante las pantallas de televisión no son todos cristianos.

Yo diría que ante el tema del hombre que sufre, es torturado o explotado, que se ve encadenado por la ignorancia o por el hambre, todos estallan con la misma energía, ya sean católicos o comunistas, blancos o negros, musulmanes o budistas.

No puedo decir ni atestiguar que he visto estallar a los católicos con más energía que a los otros; no puedo decirlo, es verdad. Así como tampoco puedo decir que los cristianos, en cuanto tales, son mejores técnicos, médicos, sindicalistas o políticos que los no cristianos.

He visto durante la resistencia italiana a marxistas que defendían al hombre sufriente con la misma energía que un santo. He oído en Africa a jóvenes musulmanes y socialistas defender el derecho de existencia de pequeños pueblos con el valor de los mártires.

Dondequiera hay hombres y mujeres de cualquier fe, de cualquier credo, capaces de ir a la cárcel por acelerar el desarrollo de los pueblos; no existe sólo en el horizonte social de los explotados alguna que otra encíclica social, aunque se trate de las más modernas del papa Juan o del papa Pablo.

No, el desarrollo de los pueblos, la técnica, la astrofísica, la medicina, la cultura, el arte o la política no están confiadas al Evangelio más bien que a otro texto cualquiera.

El argumento de Jesús no es mejor que el argumento de Engels o de Einstein.

Esto conviene precisarlo.

Dios ha dado a todos los hombres el encargo de *«organizar, cultivar y guardar la tierra»* (Gén. 2, 15).

El mensaje social o la tendencia a la revolución no está en el Evangelio, sino en el Génesis.

Es Adán el revolucionario de siempre, no Jesús.

Y en Adán están todos los hombres; en Jesús, aún no.

Dios no ha esperado a enviar su mensaje de igualdad y de justicia a las gentes con la venida de Jesús. Lo envió a la creación del hombre; se lo entregó en el mismo momento que le comunicaba el espíritu.

El hombre creado por Dios es capaz por sí solo de entender que no se debe vivir a costa de la sangre de los pobres y que la piel blanca no es más preciosa que la negra.

Jesús repetirá los conceptos expresados por el Padre en la creación, insistirá con más fuerza, pero su mensaje va más allá.

No ha venido a liberarnos de las cadenas del capital; ha venido a liberarnos de esas otras cadenas mucho más dolorosas y radicales, que hacen de cada uno de nosotros un capitalista: el pecado y la muerte.

No ha venido a hablarnos especialmente de la tierra, que más o menos ya conocíamos, sino a hablarnos de lo que está más allá de esta tierra, de la naturaleza de nuestra existencia y de su misterio, del significado de nuestra vocación y de su importancia.

En una palabra: ha venido a hablarnos de lo Invisible, porque lo visible ya lo teníamos ante los ojos y, después de tanto tiempo de historia, debíamos haberlo organizado mejor.

Y esto visible, este material por ordenar, este levantar la ciudad terrena, no es cosa que corresponda sólo a quienes siguen a Cristo, sino a todos los hombres, sea cual sea el credo a que pertenezcan y la vocación a la que respondan.

El mensaje de Jesús va más allá.

Toma al hombre inserto en la ciudad terrena y le dice: «Ten cuidado, que hay una ciudad celestial, a la que habrás de ir, y trata de construirla desde ahora en ti con amor y justicia».

Ve a los hombres encerrados en sus límites de criaturas destinadas a la muerte y les dice: *«Yo soy la resurrección y la vida»* (Jn. 11, 25).

Se encuentra con el hombre, que poco a poco toma conciencia de una insaciabilidad congénita, que le agita y hace sufrir, y le dice: *«Tú no eres sólo hijo del hombre; tú eres hijo de Dios, eres eterno. Lo que se agita en ti es la filiación eterna del Padre; lo que te vuelve insaciable y descontento es el progreso de la vida divina en ti, que te presenta las fronteras de lo visible, de lo huhumano y de lo terrestre demasiado restringidas».*

Hay algunos que se irritan al día de hoy al oír estos razonamientos; incluso hay quien interrumpe a Jesús para decirle: «Si es así, quédate con tu paraíso; danos en cambio la tierra, que es más cómoda. Ponte tú también a hacer la revolución con nosotros; deja el cielo para las golondrinas, y dominemos nosotros la tierra».

Y podrían tener éstos razón, pero Jesús se calla y espera que nosotros lleguemos a entender; no es que él cambie.

El sabe cosas que nosotros no sabemos. El sabe que aun cuando hayamos resuelto los problemas de la ciudad terrena dando a todos una casa, una escuela, un hospital, una libertad o un bienestar, todavía quedará por resolver el último problema: la muerte.

Y no es el más fácil.

Y no es tampoco el más pequeño.

El Evangelio no saca a los hombres de la tierra; no se inhibe en la construcción del convivir humano; no se despreocupa de hacer las cosas, de vivirlas o soportarlas; va «más allá de las cosas».

Dice cosas que no sabe decir el marxista ni puede decir el hombre terreno.

Al expirar de una batalla social en que creyentes y no creyentes, católicos y no católicos se han unido para hacer triunfar la justicia, el bienestar o la libertad, mientras todos los demás callan porque no tienen nada que decir, el cristiano debería empezar a hablar para anunciar en nombre de Jesús una profecía que va siempre más allá de lo contingente, de lo político, del tiempo y de la relatividad de las cosas humanas.

Lo que Jesús profetiza sobre los hombres que han querido seguirlo se refiere a la vida eterna que, aun partiendo de aquí y teniendo las raíces echadas en la vida humana, tiene su desarrollo en una realidad ultraterrena, que él ha llamado reino, y a la cual estamos predestinados.

* * *

Naturalmente, este razonamiento se presta a equívocos.

Los que no conocen a fondo el pensamiento de Jesús y la naturaleza escatológica de la vida humana en su destino eterno y tienen ante los ojos sólo las dimensiones de la ciudad terrena, de su justicia y de sus límites, claman ante esta visión de las cosas y no pueden aceptarla.

Entonces—y a veces son nada menos que los cristianos—tratan de explicar el mensaje evangélico a su capricho e intentan encontrar en él justificaciones para decir que Jesús era un revolucionario e incluso un violento.

Y es lo que se dice hoy con frecuencia, hasta en las mismas asambleas eucarísticas.

Es que el espíritu del marxismo, es decir, de la terrestricidad radical, ha ganado a muchos cristianos desprevenidos e impreparados espiritualmente.

Por otra parte, no hay que extrañarse.

El espíritu de los tiempos es siempre el mayor educador, y es difícil substraerse a él.

¿Es que se libraron los cristianos de ayer del espíritu de su tiempo, que era el espíritu burgués?

¿Se libraron por casualidad los cristianos de anteayer del espíritu de su tiempo, que era el espíritu colonialista?

¿Se libraron acaso los cristianos del medioevo del espíritu de su tiempo, que era un espíritu feudal?

Y los cristianos que vivieron en tiempo de Constantino, ¿se libraron todos del espíritu de su tiempo, que estaba basado en cualquier cosa menos en la pobreza evangélica de la Iglesia?

Luego la tentación de identificar el mensaje cristiano con la cultura del tiempo, con la sociología y gustos del tiempo, es siempre fortísima y un ataque continuo contra las vanguardias espirituales del Evangelio.

Pero el Evangelio no es una cultura, ni una filosofía, ni una sociología, ni una política, ni se le puede identificar jamás con ellas.

El Evangelio, en su núcleo central, es inaprensible para las manifestaciones de la cultura del hombre; va siempre más allá.

Si tú lo identificas con algo tuyo, lo fosilizas, lo institucionalizas, lo esterilizas, y a la larga lo haces perecer con tu época.

¿No es tal vez lo que hemos visto en el Concilio?

Esta grande y verdaderamente divina asamblea del pueblo de Dios, ¿no ha debido quizá hacer un esfuerzo para desarraigar la Iglesia de posiciones anquilosadas por el espíritu de los tiempos muertos? ¿No ha tenido que liberarla de trabas derivadas precisamente del deseo de identificar el Evangelio con las visiones políticas, culturales y filosóficas de un tiempo?

¿Y ahora?

Ahora corremos el peligro de cometer los mismos errores comenzando desde el principio, transformando nuestros grupos de vanguardia en rabiosos grupos de pseudomarxistas con una insignia de cristianismo encima y en el centro una sotana.

Lo que nos falta es la profecía.

Y carecemos hasta tal punto de inventividad y creatividad que nos vemos obligados nosotros, «hijos de Dios», a mendigar una inspiración de los hijos de los hombres.

Y pensar que el Evangelio es la única cosa realmente nueva en el mundo.

Pero si queréis hacer política, haced política; si queréis hacer la revolución, haced la revolución; mas no la pongáis bajo el nombre de Cristo, porque falseáis su pensamiento y sus intenciones.

Es verdad que Cristo es un revolucionario, es verdad que es un violento, pero no contra los otros, sino contra sí mismo.

Es demasiado fácil matar a los demás; lo difícil es hacernos morir a nosotros mismos.

La violencia de Cristo es la Cruz; y ésta está plantada en su corazón, no en el corazón de sus adversarios.

La violencia de Jesús es el amor hasta el fin, y no la espada o la prisión con las cuales se quieren resolver los problemas que nos parecen insolubles.

«Adelante, cortemos unos centenares de cabezas y todo se resolverá...»

¿Y después?...

¿Es que no resurgirán después de la tierra, no saldrán de las mismas filas de los revolucionarios de hoy, los futuros dictadores, los futuros egoístas, los futuros prepotentes, los futuros torturadores?

Es desalentador ver cómo han terminado las más hermosas revoluciones sociales y cómo—podríamos decir—no han enseñado nada al hombre, que siempre quiere empezar desde el principio.

No, no son los otros los que deben ser «revolucionados»; somos «nosotros».

Jesús es el único revolucionario que ve justamente, porque no se preocupa de cambiar las estructuras, sino que se preocupa de cambiar al hombre.

Las estructuras se renuevan hasta lo infinito, pero seguirán siendo opresoras mientras estén en manos del hombre, que es opresor.

Es inútil para el pobre pasar de un gobierno a otro, de un sistema a otro, si no cambia el que dirige el gobierno o crea el sistema.

Jamás se ha hablado de libertad como hoy y jamás se han construido sistemas más crueles para derrocar la libertad, incluido el comunismo, que me ha enamorado siempre como inmensa e infantil utopía y que siempre he visto recaer en un terreno histórico de opresión en que él mismo jamás habría soñado con caer.

Cuando se relee el texto del XX Congreso del Partido comunista ruso, ese texto que tanto exaltó a Kruschev, que tuvo el valor de pronunciarlo, no podemos no sentir la enésima confirmación de la incapacidad del hombre para ver claro en su corazón.

Ese corazón ruso, que tuvo revolucionarios tan puros y valerosos, fue el mismo corazón que mandó al paredón a decenas de millares de hombres sedientos de justicia y condenados por tribunales tan falsos y prostituidos que jamás hubo otros semejantes en la historia de la pobre humanidad.

Y era el fruto de la más decidida y radical de las revoluciones humanas.

Por eso hace Jesús la revolución del corazón, no la revolución de los sistemas.

El quiere cambiar el corazón del hombre, no las leyes, que ya desde antiguo eran bastante buenas.

En esto es Jesús un revolucionario, el único que ve justamente.

Su revolución es más lenta, pero cala mucho más hondo.

Sobre todo, no causa víctimas, y si hace derramar lágrimas, son sólo lágrimas de arrepentimiento por las propias fechorías y por la propia incapacidad para vivir su revolución.

Pero cuando llega a conquistar los corazones, la revolución de Jesús es total.

Es como la lluvia benéfica sobre los campos sedientos; es como el sol sobre la tierra helada; es como el aire en los pulmones; es como el pan en la mesa o como la paz en la casa.

La revolución del corazón: ésa es la revolución de Jesús.

* * *

Y aquí nace el equívoco más grande.

Hablar de la revolución del corazón en una asamblea de lobos, como son los hombres (¡perdónenme los lobos!), es como hablar de virginidad en una casa de prostitución o de penitencia en una orgía organizada en la noche (¡es como para hacerse cubrir de ridículo!).

En efecto, en el ridículo se desenvolvió el pro-

161

11

ceso contra Jesús y en el ridículo se le condenó a muerte.

Entonces es cuando el cristianismo, que no tiene ninguna gana de pasar por loco, como ha hecho Jesús, se aleja de la lucha y, más o menos conscientemente, se deja sorprender por la sempiterna tentación alienante del Eclesiastés: *«Vanidad de vanidades, y todo vanidad»* (1, 2).

La religión misma se vuelve justificación para su fuga o para su silencio: la escatología, la mágica respuesta a los porqués insistentes de la existencia.

Entonces es cuando se forjan todas las teorías posibles sobre la distinción de los planos, sobre el hacer o no hacer política por parte de la Iglesia, sobre el compromiso del laico, sobre el silencio de la jerarquía: todos trucos para evitar la responsabilidad cuando cuesta y todas las justificaciones ofrecidas a los pobres al repetirnos que la religión es el opio de los pueblos.

Raniero La Valle, a quien yo considero como uno de los cristianos más «cristianos» de nuestro tiempo, llegó a decir dos frases sobre el problema Iglesia-política, que se encuentran entre las más luminosas:

«O Dios está en el centro, o no está en ninguna parte», y *«Si la religión es la relación con Dios en la fe y si este Dios se ha pronunciado en favor del hombre, aquélla es como el meridiano que se cruza con todos los paralelos»*.

Es difícil describir mejor el encuentro entre lo visible y lo invisible, entre acción y contemplación, entre vida religiosa y vida política, entre mundo e Iglesia.

El cristiano no puede ser un absentista, la Iglesia no puede callar si quiere verdaderamente «aceptar los problemas del hombre y mirarlos a la luz de la fe».

La escatología, que es la entrada en el reino, la realización del reino, no es un hecho que se opera de una sola vez y para siempre al final de la historia; es un hecho que acontece, que se cumple cada día, en cada instante en que el hombre que cree en la palabra viva, que es Jesús, la realiza introduciéndola en lo real con la fe, la esperanza y la caridad, que lo unen vitalmente a Dios.

El reino ya está en nosotros, aun cuando tenga que venir todavía en su plenitud, y cada acto de nuestra existencia vivido como ciudadanos de este reino invisible y aceptado como exigencia fulgurante del Evangelio, refuerza su estructura y ensancha sus confines.

El cristiano, por consiguiente, está en el centro de las cosas, donde está su Dios, y debe cortar con el meridiano de su fe todos los paralelos de la vida del hombre.

Pero, hablando en nombre de su Dios, hace profecía, no técnica política; tratando de salvar al hombre, de liberar al hombre, hace caridad, no buen sentido político o cultura histórica.

Jeremías era un mal político, y después de cada discurso suyo sobre lo que sucedería a Israel en política, acababa siempre con los huesos en la cárcel.

Pero era un profeta; y la luz de sus palabras, que recibía de lo Alto, iluminaban con luz propia toda la política que hubiera tenido que hacer Israel para salvarse.

Cuando habla el hombre de Dios, cuando habla la Iglesia—sociedad de fe y de gracia—, no debe hacer estética, técnica o cultura; debe hacer profecía que, siendo de naturaleza divina, tiene el poder de iluminar la marcha liberadora del hombre, y, proviniendo del amor teologal de Dios, que es la caridad, tiene la visión exacta de las cosas y conoce hasta el fondo lo que le conviene al hombre.

Y recordémoslo bien: lo que le conviene al hombre sale a la luz de la historia tras tres palabras inequívocas:

la vida,
la luz,
el amor,

y son las mismas palabras que indican la persona del Padre, la persona del Hijo y la persona del Espíritu Santo.

Defender la vida, dar testimonio de la luz, vivir el amor sigue siendo en todo tiempo y en toda ocasión el ambiente divino de las profecías y el cometido específico de quien recurre a Dios tras el ejemplo inconfundible de Cristo.

Una asamblea donde no se ama, donde se acusa, donde hay odio o rencor, no puede llamarse profética. Un hombre que se calla la verdad, que esconde la luz, no es un profeta.

Un pueblo que mata, que deteriora la vida.

que sofoca al pobre, que no libera, no es un pueblo profético.

Por eso no basta hacer una asamblea cualquiera para llamarse Iglesia; así como no basta ser obispo o papa para poseer la profecía.

Un grupo de jóvenes que se reúne para hacer deporte o turismo, en el ámbito de ese bendito hacerlo todo, que es la parroquia de nuestros tiempos; otro grupo que se reúne para camuflar un partido cualquiera político, no puede llamarse Iglesia, aun cuando los partidos estén arbitrados por un clérigo o el pensamiento social desarrollado por un sacerdote.

Una asamblea, para llamarse Iglesia, debe reflejar la primera asamblea celebrada con Cristo en el cenáculo: asamblea de fe y de gracia, asamblea de amor y de eucaristía, asamblea de oración y de profecía.

Pero hacer profecía no es fácil; cuesta terriblemente. Se la encuentra en el silencio de Dios; hay que saber ir contra corriente; hay que rezar mucho; no hay que tener miedo.

Entonces es cuando se hacen otras cosas, marcando las cartas, o haciendo lo que hacen todos, con tal de no parecer inútiles o fuera de moda.

Además tenemos la opinión pública, que se toma la tarea de nivelarlo todo, limarlo y regularlo todo.

¡Qué fácil es para el cristiano sucumbir a la opinión pública!

Se siente incluso en las homilías de la misa.

Cuando era joven estaba de moda el nacionalismo y oía en los sermones las peroraciones para ofrecer el oro a la patria, saludando así, con una lágrima de emoción, el alba del nuevo imperio.

Ahora que soy viejo, están de moda otras cosas y veo a sacerdotes con blusas estudiadamente descuidadas, según los cánones de la pobreza estética, mientras tratan de demostrar a los jóvenes que los sacerdotes burgueses de un tiempo hicieron elecciones equivocadas; ahora, finalmente, han llegado ellos para hacer elecciones justas.

¡Cristianos sin profecía y, por añadidura, sin fantasía!

Pobre Jesús, ¡qué solo te han dejado!

Peor aún: ¡cómo te han falsificado!

CAPITULO VII

«Si no tuviera caridad, nada soy»

(1 Cor. 13, 2)

Pero ¿qué significa la revolución del corazón, cambiar el corazón?

Aquí estamos precisamente en el terreno de Jesús, el propio Evangelio.

¿Habrá cambiado, por ventura, el corazón?

Quien de vosotros se sienta en paz con su corazón, solidario con el mismo, contento con él, levante la mano. Yo no la levantaré, seguro.

Nadie me ha hecho sufrir tanto como mi corazón.

Nadie me ha cargado en la vida con unas cadenas más pesadas.

Aún hoy, después de tantos años de esfuerzo, de renuncias y de batallas, sigue dentro de mí como un enfermo.

Si pudiera desprenderme de él, lo haría de buen grado; pero no puedo ni debo hacerlo.

No hay nada que hacer: tengo que esforzarme por cambiarlo.

Hace muchos años que lo intento, y aún no lo he conseguido por completo.

Para alentarme, me dice Dios en la Escritura: «*Quitaré de tu pecho el corazón de piedra, y te daré un corazón de carne*» (Ez. 11, 19); pero aún hoy sigo esperando y me pregunto cuándo y cómo sucederá esto.

El otro día en la fraternidad había poco café.

A mí me hace bien el café, aquí, en el desierto..., yo diría que me ayuda..., soy viejo...

Por temor de quedarme sin él y transcurrir así algunas horas entontecido, con un corazón flaco..., así..., casi sin percatarme de la villanía que hacía, he anticipado la llegada a la cocina y me he bebido lo que quedaba.

Después he sufrido todo el día, y me he confesado pensando avergonzado en mi egoísmo y en la facilidad con que había excluido a mis dos hermanos de aquellas sobras negras y amargas.

Parece una estupidez y, sin embargo, en aquella taza de café tomada sin condividirla con los hermanos se encuentra toda la raíz del mal que nos agita y el veneno de todas las prepotencias creadas por el egoísmo, la riqueza y el poder.

La diferencia entre mí y Jesús está precisamente ahí, en esta faena, que parece sencillísima, pero que no lo es, y que después de toda una vida sigue aún ahí, para hacerte pensar. Jesús habría dejado el café para los hermanos; yo, en cambio, he prescindido de ellos.

No, no es fácil amar con un corazón hecho como el nuestro; confesémoslo.

Miremos, por ejemplo, lo que acontece en el amor conyugal.

Cuando un hombre le dice a una mujer: «Te quiero», tiene a primera vista la impresión de querer realmente el bien de aquella criatura.

Pero no tardará en percatarse de que, en realidad, se ama a sí mismo y que el egoísmo envenena con demasiada frecuencia el trato y lo reduce a un acto de posesión más que a un don de sí.

¡Es tan difícil amar!

Yo no dudo en afirmar que sobre cien actos que consideramos actos de amor, el porcentaje más alto está hecho de puro egoísmo, de repliegue sobre sí mismos, de búsqueda del placer únicamente por sí mismo, de prepotencia.

Por esto entra en crisis el amor, se transforma en actos que mortifican y nos separan.

Es el *eros*, es el devorarse recíprocamente, es la tentativa de arrancar a la vida aunque no sea más que una sola gota de placer a través del otro, es el transformar el amor en droga.

Y ¿cuál es el resultado?

La destrucción de todo, el ensuciarlo todo.

Oh, ¡si, al menos, tal modo de proceder nos hiciera felices; si, drogándonos, pudiéramos hallar la paz, la alegría, la plenitud!

¡Dios sabe lo que hallamos en el fondo de nuestro camino equivocado!

No hay tristeza más grande que el amor traicionado por el placer.

Es ésta la tristeza que forma el fondo de nuestras relaciones y el aburrimiento infinito de nuestra existencia enferma.

Pues bien, es precisamente en esta nuestra miseria donde se injerta la vida divina en nosotros, donde se pone en movimiento el anuncio de la salvación, la buena nueva de la paz y de la resurrección.

Nosotros somos incapaces de amar. Dios, que viene a nosotros como presencia, como gracia, como vida eterna, es el que nos enseña a amar.

El misterio que Cristo nos ha revelado no es un amor para dos: es un amor para tres. El *eros* se transforma en ágape, la pareja se convierte en familia, el amor del hombre se hace banquete.

El modo de vivir el amor por parte de Dios, es decir, la caridad, es la solución del problema de nuestro pobre amor.

La verdadera novedad del cristianismo es el amor trinitario de Dios en nosotros, que es la mejor manera de amar. Esta es la vida eterna: el modo de amar Dios en nosotros, y tal modo nos hace entrar poco a poco en el reino, nos libera del egoísmo destructor, vuelve nuestro amor gratuito, introduce en el sueño nunca terminado de poseer a alguien o algo el don de sí, la renuncia como testimonio auténtico de vida.

El amor a dos—esposo con esposa, amigo con amigo, hermano con hermano, madre con hijo— siempre corre el peligro de volverse exclusivo, posesivo, motivo de interés, introversión o sexualidad.

La caridad, esto es, el modo de amar de Dios, corrige esta tensión, introduce un tercer elemento, que cataliza el interés y lo arrastra hacia la generosidad, la gratuidad y la universalidad del amor mismo.

Dos esposos que se aman sólo a sí mismos acaban por volverse egoístas, cerrados, y poco a poco agotan su amor. Pero si en ellos se introduce la caridad, es decir, el modo trinitario de amarse, su unión encuentra siempre un motivo de novedad, un correctivo de la sensualidad, un reclamo ideal, que los lleva como fuera de sí, a una dimensión auténticamente divina.

Y la aceptación del «hijo», ¿qué es sino el concretarse de este «tercero», presente en su amor, que los ayudará a salir de su potencial egoísmo y arrastrará a la misma sensualidad—peligrosa siempre como una droga—hacia la extraordinaria poesía de la fecundidad y de la vida?

Y lo mismo sucede con cualquier otra relación de amor entre los hombres o entre los hombres y las cosas.

El amor humano tiende a realizar un amor a dos; la caridad nos enseña a tener ante los ojos al Tercero presente.

Oh, sé que son sólo imágenes, pero también pueden servir. Dios, en su amor, es trinidad, y el amor es la imagen, aunque pálida, de la Trinidad.

El esposo que ama a su esposa es una persona; la esposa que contempla al esposo y lo ama es la otra persona. El amor, que corre peligro de agotarse en un sorberse recíproco, en un placer como fin de sí mismo, se libera, se diviniza cuando entre los dos comparecen los ojos del hijo, que es como la personificación del amor de ambos.

Y lo mismo pasa en todas las relaciones.

El peligro de esterilizar el amor en el egoísmo del placer desaparece o, al menos, disminuye si en la relación se introduce un elemento ideal, un fin, una dinámica, un algo que haga salir al hombre del tremendo peligro de reducir el trato a un solo momento de placer.

Porque, no lo olvidemos, hombres de nuestros días: nada es más destructor que el placer, que se busca a sí mismo.

Nada debilita tanto al hombre como la búsqueda sensual del placer. El mismo poder de los imperios se viene abajo ante el uso y abuso de este veneno refinado de todas las civilizaciones del bienestar.

Deja de haber ideales cuando uno llega a volverse esclavo del placer; no hay límites para la propia ruina cuando uno se vuelve cultor del mismo.

¡Oh, si, como ya he recordado, este placer produjese, al menos, la paz, la alegría..., bien venido sea! ¿Quién nos lo niega? Pero ya sabemos lo que crea. ¡Cuánta tristeza proporciona al hombre el culto del placer!

¡Qué cadenas pone en las espaldas de estos esclavos embrutecidos por la droga!

No, no hay paz para quien sale del equilibrio creado por la naturaleza misma. Yo pienso que sufre menos un crucificado que un drogado. Si hay un infierno en esta tierra, y lo hay, es más bien para aquellos que han buscado el placer sin distinción de leyes y de afectos que para aquellos que han aceptado el sufrimiento de cada día y la cruz de la existencia.

* * *

El amor humano es una recta, o sea, la unión de dos puntos en el espacio de la criatura.

La caridad es un triángulo.

Aquí está toda la revolución del corazón: en transformar las rectas de nuestros amores en triángulos, en cuyo vértice se halle la presencia trinitaria de Dios.

Esta presencia de Dios en nuestro amor y la aceptación de todas las exigencias que la misma comporta es la salvación, la sublimación de este amor.

El amor se vuelve caridad.

El tiempo se hace eternidad.

El corazón del hombre se convierte en el corazón de Cristo.

Por eso dice san Pablo que el amor no basta, y que si no tengo caridad, no soy nada.

Su himno a la caridad deberíamos sabérnoslo de memoria. Helo aquí:

«Aunque yo hablara las lenguas de los hombres y de los ángeles, si no tuviera caridad, soy como bronce que suena o címbalo que retiñe.

Aunque tuviese el don de profecía y conociese todos los misterios y toda la ciencia, y aunque tuviese tanta fe que trasladase las montañas, si no tuviera caridad, nada soy.

Y aunque distribuyese todos mis bienes entre los pobres y entregase mi cuerpo a las llamas, si no tuviera caridad, de nada me sirve.

La caridad es paciente, es servicial, no es envidiosa, no se pavonea, no se engríe; la caridad no ofende, no busca el propio interés, no se irrita, no toma en cuenta el mal; la caridad no se alegra de la injusticia, pero se alegra de la verdad; todo lo excusa, lo cree todo, todo lo espera, todo lo tolera.

La caridad no pasa jamás. Desaparecerán las profecías, las lenguas cesarán y tendrá fin la ciencia. Nuestra ciencia es imperfecta e imperfecta también nuestra profecía. Cuando, pues, llegue lo perfecto desaparecerá lo imperfecto.

Cuando era yo niño, hablaba como niño, apreciaba como niño, razonaba como niño. Cuando llegué a hombre, desaparecieron las cosas de niño.

Vemos ahora mediante un espejo, confusamente; entonces veremos cara a cara. Ahora conozco imperfectamente; entonces conoceré como fui conocido.

Ahora permanecen estas tres virtudes: la fe, la esperanza y la caridad, pero la más excelente de ellas es la caridad».

(1 Cor. 13, 1-13)

* * *

No basta dar o hacer para resolver los problemas. Porque aun haciendo y dando, podemos ha-

174

cer mal o al menos puedo hacer cosas que no sirven de nada. No olvidemos esta radical expresión de san Pablo:

«Y aunque distribuyese todos mis bienes entre los pobres y entregase mi cuerpo a las llamas, si no tuviera caridad, de nada me sirve».

Esta expresión podría grabarse en el frontis de muchas de nuestras instituciones cristianas y sobre todo en la agenda de los más rabiosos entre los llamados «comprometidos».

CAPITULO VIII

«Si no hacéis penitencia,
pereceréis todos»
(Lc. 13, 3)

Uno de los enemigos más peligrosos de la vida espiritual del hombre es, sin duda alguna, el placer. Digo el placer, no la alegría o la felicidad.

Digo el placer, no la exultancia o la plenitud del ser.

El placer, esa sensación alentadora y misteriosa, anidada en los sentidos y en el espíritu y tendida como un arco hacia un fin bien determinado, es en la naturaleza una criatura de Dios.

Sí, ¡una criatura de Dios!

Muy pequeña, dulce y fácil, simpática y convivial al máximo, penetrante e invasora como ninguna, fue colocada por Dios en nuestros sentidos para ayudarlos a realizarse, a expresarse, a vivir.

Yo añadiría más: para hacer su divina voluntad.

Con el placer el hombre es impelido a hacer cosas indispensables para la vida casi sin darse cuenta; más todavía, con una impresión de plenitud, de verdad y de gozo inherentes a su misma existencia.

El placer de la comida y de la bebida ayuda al hombre a alimentarse; el placer del reposo, a conceder al cansancio un período de asueto distensivo; el placer de la posesión de las cosas le da el sentido de su regalidad en el universo; el de la valoración de sí mismos, el sentido de la dignidad humana, y el placer de la amistad, la dicha de las relaciones y el sentido insuprimible de la socialidad del hombre.

¿Qué diríamos, por otra parte, del placer del sexo?

Este placer está presente nada menos que en el misterio de la vida, y es puesto por Dios en nosotros para hacernos realizar con gozo su misma dicha creadora.

Y hasta aquí no hay nada que objetar; es más, hay que alabar en grado sumo a esta criaturita llamada placer, capaz de hacer simpática y gozosa una pérdida de tiempo, tan pesada y rítmica como la de ingerir alimentos, y lo más atrayente posible una tarea tan terrible como la de ser padres y madres del hombre.

Entonces, ¿dónde está el mal?

¿Por qué llamar peligrosa a esta criatura tan atrayente y benéfica?

Sí, es peligrosa precisamente por ser atrayen-

177

te, y es tanto más peligrosa porque nosotros somos muy débiles a la atracción.

Yo diría que su poder de atracción, unido a nuestra fragilidad para dejarnos atraer, crea un desequilibrio peligroso, que termina pronto o tarde por hacernos mal. Es lo que se llama con una palabra antigua, y ya pasada de moda, pecado.

San Agustín lo llamaba desorden.

Hoy, nosotros, los hombres modernos, lo llamaríamos de buen grado exageración.

En efecto:

la exageración en el comer la puedes llamar gula;

la exageración en apreciarte puedes llamarla soberbia;

la exageración en el descanso puedes llamarla acidia o pereza;

la exageración en tus sentimientos, envidia o celos;

la exageración de tu amor por poseer, avaricia;

la exageración en la búsqueda del placer sensual, lujuria.

Haz una lista minuciosa, y descubrirás los vicios capitales; redúcela a síntesis, y tendrás el placer conocido en nuestros días con el nombre de *droga*.

Drogarse significa dejarse dominar por el placer sin finalidad alguna, significa buscar el placer en su estado puro, desligándolo de los motivos por los cuales Dios nos lo ha concedido, aislándolo del fin por el que fue creado y puesto en nosotros como puente entre el pensamiento y la acción, entre el deber y su realización.

Drogarse significa prostituir a esta criatura de

178

Dios llamada placer, significa instrumentalizar a esta niña serena y despreocupada, que la creatividad de Dios nos concediera para gozar con más facilidad de la vida y para caminar más expeditamente hacia su voluntad.

La masturbación, ¿no es tal vez un drogarse antipático y obsesivo?

La acidia de los jóvenes sentados en las plazas sin deseos constructivos, ¿no es drogarse con la nada?

Servirse de la mujer o del hombre para arrancar una sola gota de placer, ¿no es un drogarse con la lujuria y con la libídine?

Inyectarse en la sangre un excitante cualquiera o fumar opio o marihuana, ¿no es una perversión?

Sí, ¡perversión!

Y es perversión porque va contra la naturaleza.

Es perversión porque es puro egoísmo.

Es perversión porque es muerte.

Es perversión porque es instrumentalización de la criatura humana, como la prostitución es instrumentalización de lo creado como posesión, dominio, riqueza u orgía.

Y el mismo que la cumple sabe perfectamente que es una perversión; en efecto, trata de ocultarse: *«Prefirieron las tinieblas a la luz, porque sus obras eran malas»* (Jn. 3, 19); como trata de esconderse el joven que se droga, como hace el que manipula los balances de las sociedades o ejecuta una política sucia de poder y de guerra.

«Guardaos de los falsos profetas, que vienen

a vosotros con vestido de oveja, y por dentro son lobos rapaces. Por sus frutos los conoceréis» (Mt. 7, 15-16).

* * *

El primer signo de que la perversión es un desviarse del camino, de que el pecado es nocivo y de que el drogarse lleva a la muerte, es la tristeza.

La naturaleza es inexorable y castiga como puede a quien atenta contra ella.

E inmediatamente.

¡Qué amargo es el despertar de quien se droga!

¡Qué infinita tristeza acompaña el alborear de quien se prostituye o prostituye!

¡Qué inquietud en los pervertidos, en los masturbadores, en los sensuales!

Hoy se dice para consolarnos: «Esto no es pecado, es como beber un vaso de agua, son las exigencias de la naturaleza...», y así sucesivamente.

Pero entonces, ¿por qué vienes a preguntarme en secreto si es un mal?

¿Por qué no continúas sin hacerte preguntas?

Es que la primera advertencia para quien camina en el error viene de dentro, de esa presencia que antiguamente se llamaba conciencia.

«No sé por qué, pero hay algo que no funciona... Río, ¡pero estoy tan triste! Canto para olvidar, pero me siento solo, como en una gruta..., estoy encerrado en mi egoísmo y ya no puedo más... Me masturbo, pero pienso que es un mal...

Tengo todo lo que deseo en casa, y ya no soy capaz de amar ni de dialogar».

Sí, el primer aviso viene de dentro y es el auténtico, porque es continuo, inexorable, sordo y sutil.

Por un momento de placer, veinticuatro horas de tristeza, y por una breve instrumentalización de una amiga, un hastío indefinido... Además, no resulta fácil frenarse, y aquí está el punto más peligroso, porque la «exageración» es cada vez mayor, en especial hoy, en que ya no estamos acostumbrados a resistir y en que los grandes medios a nuestra disposición aceleran el proceso absorbente del placer y la inexorable caída en el pozo oscuro del erotismo, de la droga o de la perversión.

¿Queréis que os pinte el cuadro?

No es de nuestros días, porque ya estaba descrito en los Salmos, pero siempre resulta actual.

«Yavé, no me reprendas en tu cólera, en tu
[furor no me castigues.
Porque tus saetas se han clavado en mí, ha
[caído sobre mí tu mano;
no hay nada sano en mi carne por tu cólera,
nada intacto en mis huesos después de mi
[pecado.
Sobrepasan mis faltas mi cabeza, me oprimen
[como un peso harto grave;
hieden mis llagas y supuran, debido a mi lo-
[cura;
encorvado, doblegado en extremo, todo el día
[ando triste.

181

Pues mis lomos están túmidos de fiebre,
y no hay nada sano en mi carne;
quebrado, y oprimido hasta el extremo, se me
*   [hace un rugido el gemir del corazón».*

(Sal. 38, 2-9)

No, el pecado no es interesante y resulta muy tedioso.

Y es tedioso, porque en lo más profundo es un acto de egoísmo, de puro egoísmo.

Y se ejecuta en nuestra naturaleza de hombres, que, aun siendo pobre, está hecha para cosas absolutamente contrarias al egoísmo.

El hombre está hecho para el don de sí.

El hombre es feliz solamente cuando se ha entregado.

Las cosas verdaderamente nuestras son las que hemos dado.

El egoísmo nos hace tristes; el amor oblativo nos hace felices.

La diferencia entre el abrazo casto de dos esposos y el abrazo con una prostituta es ésta: el primero es liberador, porque es don de sí; el segundo es humillante, por ser egoísmo. El primero produce alegría; el segundo te deja la boca amarga.

Y siempre igual.

Si te das, eres feliz; si instrumentalizas al hermano o sus cosas, estás triste.

Yo diría que el tema del universo entero es la eucaristía, que es el don gratuito de Dios al hombre y del hombre a Dios; y el contratema es el pecado, que es el repliegue del hombre sobre sí mismo y el germen de su muerte.

En efecto, el pecado engendra la muerte y el infierno es su lugar.

No hay necesidad de preguntarnos si existe el infierno.

Basta preguntarse «dónde está el pecado» para verlo y gustarlo.

Quien está en pecado, ya está en el infierno; infierno provisional mientras puedes salir; infierno estable el día en que no podrás salir.

Ahora, que aún estás en la posibilidad de salir, salte.

Pero teme la tremenda posibilidad que tenemos «de no poder salir un día».

El hijo pródigo se salió a tiempo (cf. Lc. 15, 11-32), el rico epulón fue incapaz de hacerlo (cf. Lc. 16, 19-30).

* * *

Pertenece a Jesús esta tremenda expresión: «*Si no hacéis penitencia, pereceréis todos*» (Lc. 13, 3); y es tanto más tremenda en cuanto que la pronunció él, tan manso y humilde de corazón.

Existe una verdadera preocupación en estas palabras suyas, y no podemos permitirnos el bromear sobre ellas. Hay de por medio algo fatal, irremediable.

Esto es lo que me da miedo.

¿Cómo ha podido el rico epulón, que «*se vestía de púrpura y de finísimo lino, y banqueteaba a diario espléndidamente*» (Lc. 16, 19), llegar a tal punto de perversión que no llegara a reconocer bajo los andrajos de Lázaro a aquel Dios de amor que le estaba dando su propio examen sobre el amor y que, hallándole frío, le estaba *«vomitando de su boca»* (cf. Ap. 3, 16)?

¿Cómo es posible que un drogado llegue a pegar a su propia madre, con tal de obtener dinero para seguir drogándose?

¿Cómo es posible matar a un hermano que se interpone como un obstáculo a los malsanos deseos?

¿Cómo es posible destruir ideales, sentimientos, familia, salud, con tal de continuar por un camino tan perverso?

Es fácil decir: *no* existe el infierno porque Dios es bueno; pero ¿sigue siendo válida la pregunta para quien está en el infierno y se ha precipitado en él con toda la perversión de que es capaz?

O ¿no es infierno tal vez una sociedad de dinero, de lujuria y de orgía?

O ¿no es infierno la guerra desencadenada únicamente para aplastar a los débiles, robar a los pobres y extender el propio poder?

O ¿no es infierno una familia donde no hay más que odios y ya no existe el diálogo?

O ¿no es infierno el trato de amor cuando se transforma únicamente en lascivia?

El infierno es un estado, una realidad que nos construimos nosotros con nuestras propias manos y con nuestros mismos deseos malvados.

Sólo queda el problema de su estabilidad eterna, pero ésta no entra en el razonamiento, porque la dimensión de la eternidad no es nuestra ni la podemos entender.

Pero la podemos creer o no creer estando bajo el dominio de la fe, como está bajo el dominio de la fe la existencia o no existencia de Dios, la presencia o no presencia de Jesús en la eucaristía, la resurrección o no resurrección al fin de los tiempos.

En todo caso, yo pienso que conviene creer en las palabras de Jesús y tratar de aplicárnoslas:

«Si no hacéis penitencia, pereceréis todos».

* * *

Pero ¿qué significa *«hacer penitencia»*?

Hacer penitencia, en sentido bíblico, significa *«ir contra», «ir contra corriente», «resistir al maligno», «poner las condiciones necesarias para superarse».*

Y esto depende de nosotros, aunque no tengamos ninguna gana y sintamos la tentación de soslayar el problema.

En primer lugar, hemos de ir contra las ideas corrientes, que se oponen siempre al Evangelio, contra «la moda y el espíritu de los tiempos», que están casi siempre influidos por el maligno.

Hoy se dice, por ejemplo: «El problema del sexo, después de todo, no es tan grave. Prescindamos de tabús... ¿Qué hay de malo?... ¿Te incordia el desnudo? ¿Te obsesiona? Pues bien, míralo a la cara hasta que te libres de esa obsesión... Rompe con las trabas de una moral superada, vive sencillamente según la naturaleza... ¿Por qué ver siempre el mal donde, en cambio, existe el amor?...».

No hace falta mucha experiencia para entender lo que puede sucederle a una sociedad dominada por esta predicación liberadora.

Pasará bien poco tiempo para darse cuenta de que cada noche será capaz de un nuevo amor y de que los lechos serán puestos en común en favor de los deseos insaciables de ser más semejantes a prostitutas e invertidos que a esposos saciados por la dulzura de su don.

No, hermanos y hermanas, no. Hemos llegado a tal punto en nuestra civilización pagana que ya no podemos transigir con el «espíritu de los tiempos», con las ideas de nuestro tiempo.

Es un espíritu verdaderamente diabólico; son ideas realmente destructoras.

Es como decir a un pobre joven que, engañado por todos, se ha dejado atrapar por la droga: ¿Quieres librarte de la droga? Bien, drógate.

¿Quieres liberarte de la obsesión del desnudo? Mira las revistas pornográficas.

Yo comprendo que nunca me he liberado de esas cosas de semejante manera; es más, cuando he querido liberarme, he tenido que ir contra corriente; he tenido que desgarrar y escaparme.

Es terrible la situación, y es tal vez la única cosa que nos deja sin esperanza.

Nuestra civilización occidental se está asfixiando en el placer sensual y erótico.

Masas de jóvenes están destruyéndose con la droga, con el sexo y con la pereza ante las sonrisas aleladas de una civilización carente de ideales verdaderos y estables.

La vieja generación beguina y comprometida hasta el fondo pierde el tiempo defendiéndose con la imposición de la ley contra el divorcio, en lugar de testimoniar con la fe la certeza del Evangelio y la luminosidad del amor verdadero y gratuito.

Creo que nunca como ahora resuena la palabra de Jesús con su dramática advertencia: «*Si no hacéis penitencia, pereceréis todos*».

Creo que nunca como ahora ha llegado el tiempo de flagelar la carne para someterla al espíritu.

Jamás como ahora ha llegado el tiempo de tomar el bordón de peregrino con un poco de pan para avanzar entre el cansancio y la penitencia, de modo que hallemos la luminosidad de nuestro cuerpo, verdadero templo de Dios.

Y porque quisiera que nadie se desalentara en esta dura marcha de la penitencia, me permito indicar a los más débiles un secreto, el verdadero secreto.

«No os fiéis de vuestro valor, de vuestra voluntad. Confiad en vuestra oración. Estad seguros de una cosa: '*No es la virtud la que crea la oración, sino la oración la que crea la virtud*'».

El esfuerzo del hombre solo no es una gran cosa, aun cuando resulte necesario.

En cambio, lo es el encuentro entre el esfuerzo del hombre y el Dios que viene, el encuentro reclamado por la oración del hombre.

También en este caso nuestra esperanza se halla en el *Dios que viene*.

El hombre capaz de llorar, de gritar y de rezar tiene la posibilidad de ver llegar en el mismo punto de su debilidad la fuerza del Dios que viene.

La victoria está en este encuentro.

Por esto es por lo que, así como a las puertas de nuestra muerte, plenamente seguros de resucitar, gritamos en nuestra absoluta pobreza: *«Ven, Señor; ven pronto»;* así a las puertas de nuestra debilidad para aceptar la penitencia, podemos gritar con igual fuerza: *«Ven, Señor Jesús»* (Ap. 22, 20).

CAPITULO IX

> *«Amarás al Señor tu Dios
> con todo tu corazón, con toda
> tu alma, con todas tus fuerzas,
> y con toda tu mente;
> y a tu prójimo como a ti mismo»*
>
> (Lc. 10, 27)

En nuestros días no has terminado aún de hablar del misterio de la oración, cuando oyes que te objetan: «Pero ¡qué oración ni qué ocho cuartos! ¡Hay otras cosas que hacer! Con todos los pueblos que hay que alimentar y todo lo que hay que organizar, ¿cómo es posible perder un tiempo tan precioso?

¿Por qué buscar un hipotético trato con el Dios invisible, cuando lo puedes encontrar, inmediato y concreto, en el hombre visible?

Es el hombre la presencia visible de Dios en la tierra. ¡Sírvelo a él, sálvalo, y lo demás no cuenta! ».

Y ¿qué podemos decir todavía cuando esta posición es adoptada nada menos que por los mismos testigos del Dios invisible, como son los sacerdotes y los religiosos? «Tú, hermano Carlos, hablas de desierto, de silencio y de oración. Pero ¿cómo es posible hacernos todavía este razonamiento a nosotros, inmersos hasta la coronilla en nuestra civilización contemporánea, recargados por millares de tareas, atenazados desde la mañana hasta la tarde por los contactos con los hombres y por el servicio de los pobres?» Y te hacen callar con una sonrisa de complacencia y con la seguridad de que eres un hombre pasado de moda, que sigue creyendo en ciertas supersticiones del pasado.

Pero lo peor es ¡que no se trata de supersticiones del pasado!

El hecho es que precisamente a ese sacerdote que afirma que no tiene tiempo para rezar, después de algunos años lo encuentras a la búsqueda afanosa de su identidad y a ese militante tan «comprometido» como para no hallar tiempo de «perder tiempo para rezar», te lo encuentras después de algunos años tan «vacío» que no sabes por dónde cogerlo para darle aún un poco de fe en el ideal que ha querido servir hasta entonces.

No, no son supersticiones.

El primer mandamiento sigue siendo el primero; y es el «primero» tanto para la antigua ley (cf. Dt. 6, 5) como para la nueva (cf. Lc. 12, 30), esto es, para la enunciada por Jesús.

«Amarás al Señor tu Dios, con todo tu corazón, con toda tu alma, con todas tus fuerzas, y con toda tu mente».

190

Además, es repetida con tal fuerza, que no deja lugar a dudas. Se diría que no se ha olvidado en la enumeración ningún componente del hombre: «corazón», «alma», «fuerza», «mente», para subrayar la necesidad y la decisión de amar a Dios.

¿Entonces?

Entonces, aquí está el problema. Si tú no rezas, si tú no buscas un trato personal con Dios, si tú no estás largo tiempo con él para conocerlo, estudiarlo y entenderlo, llegas a olvidarte poco a poco de él, se te diluye en la memoria, llegas a no reconocerlo y no puedes ni sabes amarlo.

El proverbio: «Ojos que no ven, corazón que no siente», no es sólo verdadero para los hombres, es terriblemente verdadero también para Dios.

Te pondré un ejemplo.

Si un novio telefonea a su novia para decirle: «Perdóname; mira, esta tarde no puedo ir a verte; tengo mucho trabajo», no pasa nada. Pero si es la milésima vez que le telefonea en el mismo tono y si hace cuatro años que no va a verla con la excusa del trabajo, de los compromisos o de los amigos, la faena es más grave o, mejor, resulta más clara: ¡no hay amor!

Porque el amor es capaz de vencer todas las dificultades y encontrar todos los recursos para «hallar al amado del alma».

Es mejor, pues, aclararse a sí mismos la propia actitud para con Dios.

¿No rezas ni lo buscas personalmente porque no lo amas o porque no tienes tiempo?

Normalmente tenemos miedo de aceptar la primera realidad y es más cómodo abroquelarse tras la segunda. ¡Vete a saber! Además, no veo las cosas muy claras.

Aquí está el verdadero problema, que no tratamos de solucionar, porque la cabeza está confusa.

Por otra parte, hay un complejo de cosas que contribuyen a confundirnos las ideas: ¡no es nuestra toda la culpa!

Estamos terriblemente condicionados por nuestro tiempo y es muy difícil huir de este condicionamiento.

Bombardeados desde la mañana hasta la noche no sólo por la civilización de consumo, sino, lo que es más grave, por la civilización del ruido, de los *slogans*, de la sensualidad, de la seguridad en el hombre, ¿cómo podemos evitar este influjo?

El espesor de lo visible se ha hecho tan grande, que no deja espacio alguno a lo invisible.

Los héroes de la canción y del deporte se te meten tan dentro de tu alma sobreexcitada que no dejan una sola silla libre en tu salón para los héroes de la Biblia o del Evangelio, que, sin embargo, estaban contigo en el pasado.

La figura misma de Jesús se vuelve evanescente en tu corazón y ya no te dice casi nada después de tres horas transcurridas ante la pantalla de este mundo.

Es duro decirlo, pero ¡es así!

¿Qué diferencia media entonces entre Pedro, que camina por las vías del imperio, animado sólo por el amor apasionado de Jesús, que le llena el corazón y la mente, y le da la decisión necesaria para ir hasta el fondo en ese amor, y tú, que ya no sientes la presencia viva del divino Maestro y que ya no sabes siquiera dónde está él en tu casa?

Entonces es cuando uno se pregunta: «Pero ¿para qué me he hecho sacerdote? Pero ¿para qué he ingresado en el convento?»

Y la respuesta no acude, o, mejor, tenemos miedo de pronunciarla.

Sin amor no se puede vivir y desde que se ha acabado tu amor por un Dios personal, que significa amor por la persona de Jesús, amor por la persona del Padre y amor por la persona del Espíritu Santo, te ves precisado a encontrar otros sucedáneos.

Les habría sucedido lo mismo a Pedro y a Pablo, si no hubieran sabido cultivar el amor apasionado por Jesús: en lugar de morir mártires y darnos testimonio eterno de su existencia bien empleada, habrían muerto entre la ruina de su fallida vocación.

Quisiera decir ahora unas palabras a quien tiene el corazón de militante, de «comprometido» y tiene siempre la impresión de que rezando se corre peligro de alienarse de los hermanos y de sus obras.

Sé que no está completamente equivocado. Sé que en el pasado han sido demasiados los que han dado la impresión de un cristianismo desencarnado, ausente. Sé que la sed de hoy es la concreción, la autenticidad; pero escuchad esta confesión simple y lineal.

Aquí, a Beni-Abbes, llegan a menudo, durante el invierno, tiendas de nómadas.

Son los más pobres, los que no tienen camellos o cabras que vender, que no tienen ya fuerzas para organizar caravanas al Erg y que buscan un punto de apoyo para insertarse en la nueva realidad social, que no está hecha para el nomadismo.

Una mañana, una mujer francesa, llegada aquí para hacer un retiro espiritual, pasa al lado de una de estas tiendas. Se para, conversa, y conversando se percata de que una muchacha tuareg, cenceña como una vela, tiembla de frío.

Es extraño, pero es así: en el desierto hace frío en los amaneceres sin sol.

«¿Por qué no te arropas?», le pregunta.

«Porque no tengo nada para arroparme», responde la niña tuareg.

La mujer francesa, que se llama Madeleine, sin enfrentarse a fondo con el problema, se va... a rezar.

Entra en el eremitorio construido por el mismo padre Foucauld, donde se encuentra el Sacramento expuesto.

Se arrodilla en la arena ante Jesús presente bajo el signo de la fe: «la eucaristía».

Pasa algún tiempo, busca el contacto con el Eterno, trata de... rezar.

«No lograba seguir —me confesará—. No conseguía rezar. Tuve que salir, volver a la tienda y darle a aquella muchacha uno de mis jerseys. Luego volví, y pude rezar».

He aquí lo que quisiera decir a quienes tienen miedo de la oración personal con Dios y no quieren alienarse de los hermanos que sufren.

Si rezas, si rezas en serio, si rezas en la verdad, será Dios mismo quien te envíe con más fuerza, con más amor, a los hermanos para amarlos con más gratitud y para servirlos con más delicadeza.

Pero entonces, me dirás: ¿por qué, por qué en el pasado demasiados cristianos me han escandalizado con su absentismo, con la dureza de su corazón «beguino», con su hermética cerrazón a todo problema de justicia y de liberación de los pueblos?

Y, sin embargo, ¡ellos rezaban y contemplaban!

No, hermano; si rezaban, su oración era sólo un retazo de retórica; si contemplaban, no contemplaban... nada.

Te han engañado y han engañado a la Iglesia.

No se puede rezar al Dios personal, es decir, amar al Dios personal, y quedarse indiferentes ante el hermano que sufre.

No se puede de ninguna manera.

Quien reza y no sufre por el hermano que sufre, está rezando a un palo, a una sombra, pero no al Dios vivo.

Porque si rezas al Dios vivo, tú que estás vivo él, Viviente, te envía a tus hermanos vivos.

Si rezas al Dios que vive, tal oración pasa por

el corazón traspasado de Cristo crucificado, modelo único del modo de amar al Padre y a los hermanos, punto de encuentro entre la dimensión vertical con lo absoluto y la dimensión horizontal de toda la humanidad por salvar.

Después de Cristo ya no es posible separar el amor del Padre del amor a los hermanos.

Pero si empiezas por el amor a los hermanos, tenlo muy en cuenta, no puedes separarlo del amor al Padre.

El Padre es una persona, y tiene derecho a ser amado igual que los hermanos.

Y a las personas hay que amarlas por sí mismas, no en función de otros.

Amar a uno, servirse de uno en función de otros, significa en palabras pobres «instrumentalizarlo», y todos están de acuerdo en decir que no se ha de hacer.

Y si estamos decididos a no instrumentalizar al hombre, ¿por qué acabamos por instrumentalizar a Dios?

No puedes, por consiguiente, decir: «Amando al hermano, amo al Padre», así como tampoco puedes decir: «Amando al Padre, amo a los hermanos».

Debes amar al Padre y a los hermanos, a cada uno de los hermanos.

El amor es personal y es sólo fuerte y tenaz cuando es personal.

No puedes decir: «Yo amo a Cristo presente en la asamblea de los hermanos», si antes no amas a Cristo en sí mismo como persona, como Hijo.

Es verdad que el Cristo místico, que es la Iglesia, ha de ser amado en esta misteriosa presencia del pueblo de Dios, pero existe también la persona de Cristo, la cual debe ser amada apasionadamente, de igual manera que existe la persona del Espíritu Santo, que ha de amarse con todas las fuerzas, con todo tu corazón y con todo tu ser.

Aquí está el significado del primer mandamiento.

* * *

Pero vengamos al «hacer», al «dar», al «hablar», que tanto preocupa a los hombres en la Iglesia de hoy, y preguntémonos: «¿Qué haré, qué daré, qué diré?»

¿No os habéis percatado de que se hacen muchas cosas inútiles, de que se dan cosas sin vida y de que se dicen cosas pesadas, que nadie escucha?

Si pusiera juntas y en fila todas las horas empleadas por nuestra organización eclesial en reuniones inútiles, llegaría casi al infinito.

Y ¿qué decir del inagotable hastío producido en la asamblea del pueblo de Dios por quien habla sin convicción, sin autenticidad, sin profecía?

Y ¿quién puede darme la convicción, sino la oración prolongada?

Y ¿quién puede darme la autenticidad, sino mi experiencia personal de Dios?

Y ¿quién me da la profecía, sino el dador de toda profecía, Dios mismo?

Yo sé que si no rezo estoy muerto, mudo, incapaz de decir algo de valor.

Yo sé que si no busco el amor personal de Dios, titubeo y me debilito en mi obrar.

Yo sé que si no contemplo, estoy sin profecía, sin cielo, sin novedad.

Os he dicho que Dios se me ha revelado siempre como «novedad», como el eternamente nuevo y capaz de renovar las cosas. Pues bien: solamente en la contemplación de su rostro encuentro la palabra adecuada que dirigir a mis hermanos.

Ellos no buscan la cultura en mí, ni la técnica, ni la política, ni el arte, ni la ciencia. Buscan la palabra profética que les ayude a entrar en el reino.

Tal palabra la posee únicamente Dios, y Dios la da a quien la busca, no a quien dice que no tiene tiempo para estar con él.

En una palabra, decir: «Yo no tengo tiempo para rezar porque tengo que hacer», es como decir:

«Yo no conozco a Dios, pero quiero hablaros de él.

Yo no amo a Dios, pero quiero enseñaros a amarlo.

Yo lo he perdido de vista, pero quiero indicaros dónde se encuentra».

Cosas que pueden suceder, sin duda, pero no son lógicas y atestiguan nuestra ilogicidad.

Pero, ¿hay algo más grande, más abismal que nuestra ilogicidad al tratar a Dios?

Pensadlo.

CAPITULO X

«Tú eres Pedro, y sobre esta piedra...»
(Mt. 16, 18)

Cuán contestable me resultas, oh Iglesia, y, sin embargo, ¡cuánto te amo!

Cuánto me has hecho sufrir, y, sin embargo, ¡cuánto te debo!

Querría verte destruida; y, sin embargo, necesito tu presencia.

Me has proporcionado tantos escándalos, y, sin embargo, me has hecho entender la santidad.

Nada he visto en el mundo más oscurantista, más comprometido ni más falso ni he tocado nada más puro, más generoso y bello. Cuántas veces he tenido deseos de darte en los morros con la puerta de mi alma y cuántas veces he suplicado poder morir entre tus brazos seguros.

No, no puedo liberarme de ti, porque soy tú, aunque no por completo.

Además, ¿dónde iría?

¿A construir otra?

Pero no podría construirla sin los mismos defectos, porque llevo dentro los míos. Y si la construyera, sería mi iglesia, no la de Cristo.

Soy lo bastante viejo para comprender que no soy mejor que los demás.

El otro día un amigo mío escribió una carta a un periódico: «Dejo la Iglesia, porque, con su comprensión para con los ricos, no se la puede creer».

¡Me da pena!

O es un sentimental que no tiene experiencia, y le excuso; o es un orgulloso, que cree ser mejor que los otros, más digno de crédito que los otros.

Ninguno de nosotros es digno de crédito mientras está en la tierra.

San Francisco gritaba: «Tú me crees santo, y no sabes que puedo tener aún hijos con una prostituta, si Cristo no me sostiene».

La credibilidad no es propia de los hombres; es sólo propia de Dios y de Cristo.

Lo propio de los hombres es la debilidad o al máximo la buena voluntad de hacer algo de bueno con la ayuda de la gracia, que brota de las venas invisibles de la Iglesia visible.

¿Es que la Iglesia de ayer no fue mejor que la de hoy? Por ventura, ¿era más digna de crédito la Iglesia de Jerusalén que la de Roma?

Cuando Pablo llegó a Jerusalén llevando en el corazón su sed de universalidad en alas del viento de su poderoso aliento carismático, ¿tal vez los discursos de Santiago sobre la circuncisión o la debilidad de Pedro, que se entretenía con los ricos de entonces (los hijos de Abraham) y que daba el escándalo de comer sólo con los puros, pudieron ocasionarle dudas sobre la veracidad de la Iglesia, que Cristo acababa casi de fundar, e inducirle a fundar otra en Antioquía o en Tarso?

¿Acaso a santa Catalina de Siena, viendo que el papa hacía—y ¡cómo lo hacía!—una sucia política contra su ciudad, la ciudad de su corazón, podía venirle a la cabeza la idea de ir a las colinas de Siena, transparentes como el cielo, y hacer otra Iglesia más transparente que la de Roma, tan viscosa, llena de pecados y politicante?

No, no lo creo, porque tanto Pablo como Catalina sabían distinguir entre las personas que forman la Iglesia, «el personal de la Iglesia» —diría Maritain—y esta sociedad humana llamada Iglesia, que a diferencia de todas las demás colectividades humanas «ha recibido de Dios una personalidad sobrenatural, santa, inmaculada, pura, indefectible, infalible, amada como una esposa por Cristo y digna de ser amada por mí como madre dulcísima».

Aquí está el misterio de la Iglesia de Cristo, verdadero e impenetrable misterio.

Tiene el poder de darme la santidad y está fabricada toda ella, desde el primero hasta el último, de pecadores únicamente, y de ¡qué pecadores!

Tiene la fe omnipotente e invencible de renovar el misterio eucarístico, y está formada de hombres que bracean en la oscuridad y que se debaten todos los días con la tentación de perder la fe.

Es portadora de un mensaje de pura transparencia y está encarnada en una pasta sucia, como está sucio el mundo.

Habla de la dulzura del Maestro, de su no violencia, y a lo largo de la historia ha enviado ejércitos enteros a destripar infieles y a torturar heresiarcas.

Transmite un mensaje de evangélica pobreza, y no hace más que buscar dinero y alianzas con los poderosos.

Basta leer el proceso hecho por la Inquisición a santa Juana de Arco, para convencernos de que Stalin no fue el primero que falsificó las cartas y prostituyó a los jueces.

Basta pensar lo que se le hizo firmar al inocente Galileo, bajo amenaza, para convencernos de que, aun siendo Iglesia, los hombres de la Iglesia, el personal de la Iglesia, son malos hombres y personal sumamente ordinario, capaz de cometer errores tan grandes como la trayectoria recorrida por la tierra en torno al sol.

Es inútil querer buscar otra cosa en la Iglesia sino este misterio de infalibilidad y de falibilidad, de santidad y de pecado, de debilidad y de valor, de credibilidad y de no credibilidad.

Quienes sueñan con cosas diversas de esta realidad no hacen más que perder tiempo y comenzar siempre desde el principio. Y, además, demuestran no haber entendido al hombre.

Porque el hombre es tal como nos lo presenta

202

la Iglesia, con su maldad y al mismo tiempo con su invencible coraje, que la fe en Cristo le ha dado y le hace vivir la caridad de Cristo.

Cuando era joven no entendía por qué Jesús, pese a la negación de Pedro, quiso hacerle jefe, sucesor suyo y primer papa. Ahora ya no me sorprendo y entiendo cada vez mejor que haber fundado la Iglesia sobre la tumba de un traidor, de un hombre que se asusta ante la cháchara de una sirvienta, era como una advertencia continua· para mantener a cada uno de nosotros en la humildad y en la conciencia de la propia fragilidad.

No, no salgo de esta Iglesia fundada sobre una piedra tan débil, porque llegaría a fundar otra sobre una piedra todavía más débil, que soy yo.

Por otra parte, ¿qué importan las piedras? Lo que vale es la promesa de Cristo y el cemento que une las piedras, que es el Espíritu Santo. Solamente el Espíritu Santo es capaz de hacer la Iglesia con piedras mal talladas, como somos nosotros.

Sólo el Espíritu Santo puede mantenernos unidos pese a nosotros, pese a la fuerza centrífuga que nos suministra nuestro orgullo sin límites.

Yo, cuando oigo protestar contra la Iglesia, me siento a gusto, y lo tomo como una meditación seria, profunda, que brota de una sed de bien y de una visión clara y libre de las cosas.

«Tenemos que ser pobres... evangélicos... no hemos de creer en la alianza con los poderosos, etcétera».

Pero al fin oigo que esta protesta se refiere a mi párroco, a mi obispo, a mi papa, como personas; se refiere también a mí como persona y me veo en la misma barca, en la misma familia, consanguíneo de pecadores matriculados y pecador yo mismo.

Entonces trato de protestar contra mí mismo y me doy cuenta de lo difícil que es la conversión.

Porque podría darse, y se da, que mientras estoy en el salón tras un opíparo banquete discutiendo sobre los candentes problemas del colonialismo portugués con los amigos, sociólogos refinados, yo olvide a mi mujer en la cocina o a mi madre mientras completamente sola lava los platos usados en el festín. O ¿es que tal vez el espíritu del colonialismo no está en el fondo de nuestros corazones?

Porque puede suceder, y sucede, que en el mismo instante en que yo me lanzo con furor contra los pecados cometidos por el orgullo racial de los blancos sobre los negros, descubra que soy el tipo que siempre tiene razón, que le dice a su padre que no entiende nada porque es un pobre campesino y quema todos los días un poco de incienso ante este ídolo que ha tenido la suerte de ser un «director», un «jefe», un «empleado», un «maestro», y, si es mujer, «un bonito cuerpo».

Entonces es cuando recuerdo la palabra de Jesús: *«No juzguéis, para que no seáis juzgados. Porque con el juicio con que juzguéis seréis juzgados, y con la medida con que midáis, seréis medidos»* (Mt. 7, 1-2).

No, no está mal protestar contra la Iglesia cuando se la ama; el mal está en criticarla po-

204

niéndose fuera, como los puros. No, no está mal lanzarse contra el pecado y las cosas feas que vemos; el mal está en cargárselas a los otros y en creerse inocentes, pobres, mansos.

Este es el mal.

Hoy se dice: «La Iglesia debe ser digna de crédito», y se dice una cosa que puede ser discutida hasta el infinito.

¿Quién ha de darle crédito? ¿El que no cree siquiera en Dios? Imposible. La Iglesia es incomprensible para quien la mira desde la ventana.

¿El que no cree en Cristo? Cosa absurda. El misterio de la Iglesia es el mismo misterio de Jesús. Si no crees al uno, tampoco podrás creer al otro.

¿El que cree que Jesús es el Hijo de Dios? Sí, en este caso, sí.

Da crédito a la Iglesia el que cree en Jesús, porque es su Iglesia, su continuidad, su plenitud.

Los motivos de credibilidad no son las virtudes de los pontífices, la bondad de los cristianos o las posiciones políticas que adoptan. La credibilidad está en el hecho de que, no obstante los dos mil años de pecados cometidos por su personal, ella ha conservado la fe y esta mañana he visto a un sacerdote suyo pronunciar sobre el pan: *«Esto es mi cuerpo»*, y me ha comunicado a mi Maestro y Señor, Jesús.

La credibilidad está en el hecho de que, pese a nosotros, después de veinte siglos de luchas, de divisiones y tentaciones, somos aún un cuerpo vivo y una sociedad de plegaria y de gracia, y las palabras de Jesús: *«Las puertas del infierno no prevalecerán contra ella»* las sentimos hoy como dramática realidad y como anclamiento auténtico.

Los motivos de credibilidad son que la compasión de Cristo sigue aquí, en la tierra, con sus santos, con sus mártires, con los cristianos mismos que, no obstante ser imperfectos, aman verdaderamente a Cristo y están unidos a él y forman una sola cosa con él. Y hallan en este misterio de la Iglesia el único ambiente capaz de hacer presente al Divino Maestro y de sentirlo vivo a través de las palabras que él pronunciara.

Es un hecho que se trata de un misterio.

Que la realidad de la Iglesia, la persona Iglesia, está envuelta como la eucaristía en un velo de tinieblas solamente perceptible por la fe, lo acepto, pero yo oigo decir como Pedro, después del discurso de Jesús sobre el pan de vida—discurso que había puesto en crisis a todos e impulsado a varios a abandonar el grupo—: *«Y ¿a dónde iremos? Tú solo tienes palabras de vida eterna»*, dirigidas a la Iglesia, a mi Iglesia, a la Iglesia de Pablo VI.

*   *   *

No, no hemos de mirar las piedras cuando pensamos en la Iglesia: ya sea la piedra Pedro, ya sea Santiago, ya sea Pablo...

Lo que hemos de mirar es la promesa de Jesús sobre ella: *«Sobre esta piedra edificaré mi Iglesia»*, y más aún a la persona que, en nombre de

Jesús y de su Padre, puede hacer de cosas separadas una sola cosa, el Espíritu Santo.

El misterio de la Iglesia es el mismo misterio del Espíritu Santo, es decir, del amor increado que une al Padre con el Hijo y a nosotros con Dios en Cristo, después de haber sido difundido en nosotros en Pentecostés.

El Espíritu Santo es la sonrisa de Dios a la humanidad lavada en la sangre de Jesús; es como su confianza a nuestro respecto. Dios, en el Espíritu Santo, mira a la humanidad con una mirada de amor y da a la humanidad la posibilidad de unión con él y en él de unión con los hermanos.

El Espíritu Santo, que es el mismo espíritu de Jesús y del Padre, es la fiesta de Dios, es el gozo de Dios, es la exultancia de Dios, es la creatividad de Dios, es el dedo de Dios sobre nuestras llagas, es la luz de Dios en nuestros corazones, es la misericordia de Dios sobre nuestros pecados. El Espíritu Santo es lo que le sucediera a Zaqueo al paso de Jesús: *«Voy a dar la mitad de mis bienes a los pobres; y si he defraudado a alguien, le devolveré el cuádruplo».* Es lo mismo que sucede en el corazón de la Magdalena tocada por Jesús y lo que ilumina la inteligencia de Pedro bajo la acción del Padre y le hace exclamar: *«Tú eres el Cristo, el Hijo del Dios vivo».*

¡Por qué queréis seguir mirando las fechorías de Zaqueo, los pecados de la Magdalena y las debilidades de Pedro!

Todos son Iglesia, lo mismo que yo, como aquellos que deben convertirse son Iglesia y, en potencia, es ya Iglesia el ladrón que está robando en alguna aldehuela de la Palestina, pero que Jesús espera junto a sí en el Calvario. Sí, pertenecen a la Iglesia también los ladrones, los prepotentes, los explotadores, los capitalistas, es decir, aquellos que son como enfermos que curar, endemoniados que liberar, ciegos que salvar y muertos que resucitar.

Y pertenecen a la Iglesia no porque a mí me gustan o no me gustan, piensan como yo o me contradicen: pertenecen a la Iglesia porque la mirada de amor de Dios, que es el Espíritu Santo, confía en ellos y los quiere salvos.

Me decía un sindicalista de raíz cristiana: «Yo ya no voy a misa a la parroquia. La asamblea eucarística me parece falsa porque junto a mí está mi patrón y yo le ataco en el sindicato con todas mis fuerzas. No puedo comunicar con él».

Aquí está el error. He aquí hasta qué punto ha recuperado el marxismo a los cristianos, con frecuencia sin que se den cuenta.

«Yo no puedo comunicarme con mi enemigo porque quiero derribarlo».

¿Qué es lo que queda aún de auténticamente evangélico en esta actitud de lucha?

¿Qué diferencia existe entre Marx y Cristo, si yo no sé comunicarme con quien ha matado a mi padre, con quien me odia o me explota? O ¿es que Jesús no ha dicho: *«Amad a vuestros enemigos y haced bien a los que os odian»?* ¿En qué se convertirá la comunidad cristiana cuando haga de la lucha de clases su método para liberar a los oprimidos?

Pero recordémoslo bien: si no soy capaz de perdonar a quien me hace mal, Dios no me perdonará a mí, que he practicado el mal (lee la parábola del siervo injusto en Mateo).

Si no soy capaz de tener confianza en la conversión de mi enemigo, Dios retirará su confianza, que es el Espíritu Santo, de mí.

Y sin el Espíritu Santo, ¿qué soy yo?

* * *

Aquí está en verdad el misterio más grande de la Iglesia, al cual renuncio cerrando mi corazón al hermano enemigo y erigiéndome en juez de la asamblea de los hijos de Dios.

Y el misterio está aquí.

Esta masa de bien y de mal, de grandeza y de miseria, de santidad y de pecado, que es la Iglesia, en el fondo soy yo.

Y aunque ninguno de aquellos que viven, que están en la Iglesia, pueden llamarse «Iglesia» porque la persona Iglesia los supera, cada uno de nosotros puede sentir con temblor y con gozo infinito que lo que pasa en la relación Dios-Iglesia es algo que nos pertenece en lo más íntimo.

En cada uno de nosotros se reflejan la amenaza y la dulzura con que Dios trata a su pueblo Israel, la Iglesia. A cada uno de nosotros nos dice, como a la Iglesia: *«Te desposaré conmigo para siempre»* (Os. 2, 21); pero al mismo tiempo nos recuerda nuestra realidad: *«Tu impureza es como la herrumbre. He tratado de purificarte, pero en vano. Es tan abundante que hasta el fuego resiste»* (Ez. 24, 12). Basta leer a los profetas para ver cómo todo lo que Dios dice a su pueblo, a Israel, nos lo dice asimismo a cada uno de nosotros.

Y si las amenazas son tan numerosas y la violencia de su castigo tan grande, más numerosas son sus palabras de amor y más grande su misericordia. Yo diría precisamente, pensando en la Iglesia y en mi pobre alma, que Dios es más grande que nuestra debilidad.

Pero, además, hay otra cosa, que es tal vez la más hermosa. El Espíritu Santo, que es el amor, es capaz de vernos santos, inmaculados, bellos, aunque vayamos vestidos de bribones o adúlteros.

El perdón de Dios, cuando nos toca, hace transparente a Zaqueo, el publicano, e inmaculada a la Magdalena, la pecadora.

Es como si el mal no hubiera podido tocar la profundidad metafísica del hombre. Es como si el amor hubiera impedido que se pudriera el alma alejada del amor.

«Yo he arrojado tus pecados a mis espaldas», dice Dios a cada uno de nosotros al perdonarnos, y continúa: *«Con amor eterno te he amado, por eso te guardo mi favor. Te construiré de nuevo y serás reconstruida, oh virgen de Israel»* (Jer. 31, 3-4).

Mirad, nos llama «vírgenes» aun cuando volvemos de la enésima prostitución en el cuerpo, en el espíritu y en el corazón.

En esto Dios es verdaderamente Dios, es decir, la unidad capaz de hacer las «cosas nuevas».

Porque no me importa que él haga los cielos y la tierra nuevos; es más necesario que haga «nuevos» nuestros corazones.

Y éste es trabajo de Cristo.

Y éste es el ambiente divino de la Iglesia.

¿Queréis impedir este «hacer nuevos los corazones», arrojando a alguno de la asamblea del pueblo de Dios?

O ¿queréis poneros en peligro de perder el Espíritu, buscando otro lugar más seguro?

CAPITULO XI

> *«Amaos unos a otros*
> *como yo os amé»*
> **(Jn. 15, 12)**

La caridad es el modo de amar de Dios; es el amor mismo de Dios.

Y es una persona que se llama Espíritu Santo.

Y es el amor que une al Padre con el Hijo.

Y es el amor que se difundió en nosotros en Pentecostés.

Hemos sido bautizados no ya con agua, sino con el fuego del Espíritu Santo, es decir, con el amor.

Quien posee al Espíritu Santo y lo escucha, entiende todo; quien no lo posee ni escucha, no entiende nada.

La luz y las tinieblas de nuestro espíritu dependen de este Espíritu.

Cuando descendió sobre el caos, este Espíritu creó el universo.

Cuando cubrió con su sombra a María de Nazaret, la carne de la mujer se convirtió en la carne del Hijo de Dios.

La encarnación es el fruto del Espíritu Santo y de la humanidad viviente de María.

El que nació de esta unión se llamó Jesús.

Jesús es Dios, que vive en la carne del hombre.

Por eso es al mismo tiempo hijo del hombre e Hijo de Dios.

Lo que hace como hijo del hombre, lo hace también como Hijo de Dios.

Las dos naturalezas pertenecen a una sola persona: la de Jesús.

Jesús es Dios hecho hombre.

Jesús está cerca de mí.

Jesús es mi Maestro.

Lo que hace Jesús es la norma, es la verdad.

Su Evangelio debiera ser para cada uno de nosotros la búsqueda constante de nuestro modo de vivir en esta tierra.

Es el único libro que debemos saber de memoria.

Y es el Evangelio del amor.

* * *

«Amaos unos a otros como yo os amé» (Jn. 15, 12).

Aquí está el resumen de todo.

Ya no puedo decir: Soy incapaz de amar; porque él me responde: «Te he dado la caridad en Pentecostés».

No puedo replicarle: Pero ¿qué es la caridad

para mí, cómo me arreglo para conocerla? Porque él me dirá: «*Haz como yo hice; ama como yo amé*».

Y ¿cómo amaste, Jesús?

«Yo he amado muriendo por ti. Trata tú también de morir por tu hermano».

¿Qué significa, oh Jesús, morir por mi hermano?

¿Tendré que esperar yo también un fin como el tuyo?

«No, no creo ni me lo auguro, porque si es un bien morir crucificados, no está bien que existan crucificadores. Ahora te explico lo que significa morir por tu hermano. Escucha»:

«*Ama a tu enemigo; haz el bien a quien te odia*»;

(Lc. 6, 27)

«*Al que te hiere en una mejilla, ofrécele también la otra; a quien te quita el manto, no le niegues la túnica*»;

(Lc. 6, 29)

«*Sé misericordioso, como tu Padre es misericordioso*»;

(Lc. 6, 36)

«*No juzgues... no condenes... perdona*»;

(Lc. 6, 37)

«*No mires la paja en el ojo de tu hermano; mira más bien la viga que está en el tuyo*»;

(Lc. 6, 41)

«¿Quieres ser el primero? Sé el último y el servidor de todos».

(Mt. 20, 27)

Basta, oh Jesús; ya es suficiente, y yo estoy acostumbrado a olvidar las palabras bonitas.

Quisiera que tú me lo explicaras con un ejemplo sencillo.

Pues bien: relee la historia del hijo pródigo. Yo soy el padre que perdona.

«Si te sucede lo mismo, haz otro tanto con tu hijo. Es un modo de morir por el propio hijo».

Aún más:

«¿Recuerdas la fechoría acontecida en el camino de Jericó, cuando los bandidos asaltaron a un comerciante y le dejaron medio muerto en la calzada?

No hagas como los que esquivan a los heridos en el asfalto por temor de manchar de sangre el coche o de perder tiempo. Párate y recoge a tu hermano.

Es un modo de morir un poco por él».

Y sigo:

«¿Recuerdas la parábola del siervo a quien su amo perdonó la enorme deuda de diez mil talentos, nada menos que 900 millones de pesetas, y fue incapaz de perdonar a su amigo una deuda de pocas pesetas?

No hagas así. Trata tú también de olvidar las deudas de tus amigos y así... aprenderás a morir un poco por ellos».

Una más, una que tú viviste, oh Jesús: un hecho, una parábola.

«Me obligas a contarte un caso personal.

He aquí el hecho que me ha ocupado mucho y me ha hecho sufrir en particular: el caso de Judas. Yo elegí a Judas, como a todos los demás, por otra parte.

Pero aquello no marchaba. Por muchos esfuerzos que hiciera, no entraba ni quería entrar en el misterio del reino, en las exigencias de la buena nueva.

Yo sabía que me traicionaría, que se rebelaría contra mí. Después del discurso de Cafarnaúm sobre la eucaristía, comprendí que se había metido por ese camino.

Y, sin embargo...

Y, sin embargo, le soporté como a todos los demás, como si nada ocurriese. He seguido amándolo...

Y pensar que él mismo me había ofrecido la ocasión de desembarazarme de él.

Había empezado por robar la bolsa común. Lo comprobé varias veces. Habría bastado una pequeña denuncia; lo habrían arrestado, y me hubiera liberado de él.

No le dije nada.

Yo soy del parecer que cada hombre ha de hacer sus elecciones libremente, hasta el final.

Este es también el parecer de mi Padre, que nunca ha bloqueado a los pecadores, incluso pudiéndolo. Mi padre no es un dictador; es extremadamente sensible a la libertad de cada uno.

Y yo también fui sensible a la libertad de traicionarme, que tenía entre las manos mi hermano Judas.

Y me traicionó.

Y cuando llegó para acompañar a los guardias del templo a mi escondite, que él conocía, acepté una vez más su abrazo, aun cuando hubiera llegado al paroxismo de traicionarme con un beso.

Yo quisiera que mis discípulos entendiesen que el reino que estamos construyendo juntos es un reino diverso de todos los demás reinos, precisamente porque es el reino del verdadero amor y no del falso amor.

Y el verdadero amor es cosa rara; extremadamente difícil de vivir.

Mira, se trata de morir nosotros mismos, no de hacer morir a los demás.

Es demasiado fácil introducir la espada en el corazón de los demás; lo difícil es meterla en el nuestro. Y, sin embargo, ésta es mi revolución.

Por esto acepté libremente el subir al Calvario.

¿Crees que no habría podido evitarlo?

¡Se necesitaba tan poco!

No, yo no quería dar esperanzas a aquellos que veían en la Buena Nueva la constitución de un reino ideal aquí abajo, aunque fuera un reino en el cual yo mismo fuese rey.

Es siempre la misma ilusión la que engaña el corazón de los hombres: reinar, dominar, ser fuertes, estar bien, no tener necesidad de nada ni de nadie, no enfermar nunca, no morir jamás, vencer siempre.

Y al final se ven siempre sorprendidos por la realidad, que es otra».

Y ¿cuál es esta realidad?

La realidad es que el «*reino no es de este mundo*» (cf. Jn. 18, 36).

«La realidad es que existe un tránsito, cuya puerta es la muerte.

La realidad es que la resurrección no puede verificarse sin la muerte precedente.

Mis amigos lo olvidan con demasiada frecuencia; pero es así.

Y no se trata sólo de la muerte como acto final de la vida humana; se trata de la muerte en que os he «configurado» y que ha de aceptarse cada día para resucitar también cada día.

Después de mi muerte en el Calvario, los hijos del reino murieron conmigo, sepultados en mi muerte; después de mi resurrección, resucitaron conmigo. Pero como yo no he separado los dos tiempos, las dos realidades, así tampoco ellos pueden ni deben separar los dos misterios.

Es demasiado fácil exaltarse con mi resurrección, es demasiado injusto no querer pasar por mi muerte; aunque cueste.

Por eso es difícil amar, porque quieren resucitar sin morir antes.

Entre quienes se aman, si uno no está dispuesto a morir por el otro, se acaba pronto el amor, se aja, desaparece.

Si se está dispuesto a morir por el hermano, el amor por él se incrementa, vive su plenitud, se vuelve eterno.

Quien ama debe estar dispuesto a morir.

Así hice yo, y morí por vosotros.

Y mi amor por vosotros es eterno, invencible.

Haced vosotros también como yo hice; amad

como yo amé y sabréis lo que significa la dicha. Y recordad que un acto de misericordia vale más que un acto de astucia, y que la diplomacia que usáis en vuestras relaciones es paja que el viento se lleva.

Y no olvidéis que es mejor perder que vencer, cuando perder significa humillarse ante el hermano.

¿Queréis saber el secreto para correr velozmente por el camino del amor y para gozar de una gran paz de corazón? Aquí está:

— Desear el último lugar ante quien amáis;
— humillaos voluntariamente, como yo me he humillado, aun siendo Dios;
— preocupaos de amar y no de ser amados;
— no busquéis la gloria humana, sino el servicio de los hombres;
— no os hagáis víctimas, que os roeréis el corazón; sed felices por ser víctimas ocultas y gozosas;
— no creáis en la violencia de las armas, ni siquiera en la que levanta las revoluciones;
— creed en la violencia del amor;
— no os agitéis por convertir el mundo; agitaos más bien para convertiros a vosotros mismos;
— cuanto más pequeños y pobres seáis, seréis más felices;
— cuando os crucifique el dolor, recordad que estoy a vuestro lado».

CAPITULO XII

«Permaneced en mi amor»
(Jn. 15, 9)

Oh Jesús, es tan hermoso oírte hablar; sigue
hablándome.

«¿Qué quieres que te diga?»

Ayer me diste la ley del amor, de tu amor, y
me hiciste entender que tú eres la ley, el Evangelio y el modo de amar.

Ayúdame, oh Jesús, a caminar sobre tus hue-
llas; ¡es tan difícil! No me dejes solo.

«¿Por qué me dices que no te deje solo?... Yo
no te dejo nunca solo; no puedo, desde el momento que estoy en ti».

Parece una frase hecha, oh Jesús: ¡tú en mí!

Una de tantas frases retóricas que se dicen entre nosotros; pero ¿corresponde a la verdad misma, a toda la verdad?

¿Tú estás verdaderamente, efectivamente en
mí?

¡Qué misterio encierran tus palabras, oh Jesús! «Sí, hermano; yo estoy en ti.

¿Para qué habría servido mi gran ofrecimiento, hecho precisamente por amor vuestro, sino para realizar esta realidad de nuestra unión?

He muerto precisamente para superar la separación y establecer un reino en el cual quien *quiere estar conmigo, está conmigo.*

Yo no tengo dificultad para estar con vosotros porque os amo de veras; sois vosotros los que me rehuís algunas veces y tratáis de estar lejos de mí.

¿No es así?».

Sí, es verdad, oh Jesús, y cada vez entiendo mejor las palabras que pronunciaste en la última cena: *«Al que me ama lo amará mi Padre, y yo lo amaré y me manifestaré a él»* (Jn. 14, 21).

Para obtener tu manifestación, yo tengo que amarte; ésta es la regla.

¿No es así?

«Sigue adelante en el mismo evangelio de Juan. ¿Qué es lo que encuentras?

'Si alguno me ama, guardará mi doctrina, y mi Padre lo amará, y vendremos a él, y haremos morada en él' (Jn. 14, 23).

Así es; Juan no se ha olvidado de lo que dije aquella noche tan hermosa y tan terrible: la noche de la cena.

'Haremos morada en vosotros'. El Padre y yo inhabitamos en los hombres que creen y escuchan mi palabra».

Pero ¿cómo puede realizarse esto, oh Jesús?

Tú te fuiste entonces de la tierra, moriste, resucitaste y subiste al cielo.

«Lee lo que dice Juan, que era el que más atención prestaba a este pensamiento.

'No os dejaré huérfanos, volveré a vosotros' (Jn. 14, 18).

Yo no estoy acostumbrado a bromear, y las cosas que os digo son verdaderas.

Si os dije: *'Volveré a vosotros'*, es porque quería volver a vosotros y quedarme con vosotros, estar con vosotros.

Este era el plan de la salvación, trazado desde el origen del mundo.

Este es el reino: *vosotros en mí y yo en vosotros*. Mi muerte rompió las «separaciones». Por eso os dije: *'El reino de Dios está dentro de vosotros'* (Lc. 17, 21).

Seguís, como los niños, buscando el cielo cerca de la luna o de las estrellas, mientras que para verlo, sentirlo y vivirlo, debéis miraros a vosotros. Yo, que soy el Rey dentro de vosotros y juntos formamos el reino que es una cosa que *ya existe*, aun cuando tiene que hacerse visible todavía y proclamada a toda la creación».

Y ¿cómo estás tú en mí, oh Jesús?

¿Cómo has vuelto a mí?

«Salí del mundo con la muerte, pero he vuelto a vosotros con el Espíritu Santo, que es el Espíritu del Padre y espíritu mío, y que el amor hace una sola cosa.

El Espíritu Santo es el amor de Dios dentro de

vosotros; por eso os dije: *Estáis inhabitados por Dios»*.

¡Qué hermoso es todo esto, oh Jesús! Haz que no lo olvide nunca.

Haz que viva siempre con la conciencia de tu presencia en mí, que es la misma presencia del Padre, y me anime siempre con tus palabras: *«Permaneced en mi amor»* (Jn. 15, 9).

Esto es, poder permanecer en tu amor, oh Jesús.

Hacer todo con tu amor. Yo pienso que aquí está la clave más preciosa de la existencia, el resumen más auténtico de nuestro ser de cristianos, es decir, configurados a ti, sepultados contigo, resucitados contigo, ya en el cielo contigo.

«Pero ¿sabes por qué os equivocáis siempre, por qué estáis siempre al comienzo, por qué vivís de temores y de continuas indecisiones?

Porque no creéis en esta realidad, porque tomáis esta expresión: *«Yo en vosotros y vosotros en mí»* como una frase retórica, mientras que es la pura realidad.

Yo estoy verdaderamente en vosotros, vivo en vosotros, y vosotros no os dais cuenta jamás.

¡Es tan raro veros un solo instante ante mí, dentro de vosotros!

¡Sois tan ilógicos!

Pero ¿por qué os agitáis tanto? ¿Por qué habláis tanto?

Hacéis todo, menos lo más importante: irme a encontrar dentro de vosotros. Estar escuchándome en paz y en silencio.

Yo os enseñaré qué es lo que debéis hacer.

Pero vosotros estáis demasiado convencidos de que ya lo sabéis; y obráis como si yo no existiera.

Una de las expresiones que más habéis olvidado y que en cambio era la que debíais recordar es: *«Sin mí no podéis hacer nada»*. Oh, no pretendía decir que sin mí no podíais hacer los aviones ni cocer el pan... por más que...

Pretendía decir que sin mí, que soy la puerta, no podíais entrar en el reino. Sin mí, que soy la luz, no podíais ver en las cosas de mi Padre. Sin mí, que soy la vida, no podíais hacer nada vital en el reino invisible fundado por mí».

Oh Jesús, ¿qué es lo que más te ofende en nosotros, que, no obstante, hemos querido seguirte?

«Lo que más me ofende es vuestra incredulidad. Vosotros tomáis el Evangelio como una fábula o poco menos. Vosotros no creéis en lo que he dicho. Si creyerais, sabríais que yo estoy en vosotros como realidad viva, no como una bonita frase sentimental.

Mirad: si creyeseis que yo estoy en vosotros, si pusierais en práctica mi expresión *«Permaneced en mi amor»*, vuestros problemas estarían todos resueltos y seríais cristianos un poco más serios y menos raros.

Vosotros vais a rezar cuando debéis obrar y obráis; obráis cuando debierais pararos a pensar, a rezar.

No acertáis nunca con el punto justo, porque no veis ni podéis ver sin mí.

Con frecuencia hacéis de la misma oración un

ídolo, una especie de institución, una cosa retórica y falta de sentido, una cosa que se debe hacer porque... está mandada. Si recurrierais a mi presencia en vosotros, que es la misma presencia del amor, y os llegarais a lo más profundo de vuestro ser, que es donde yo vivo, y os pusierais junto a mí como se ponía María para escucharme... oh, entonces sabríais lo que es la oración y no podríais prescindir de ella, de igual manera que yo tampoco puedo dejar de estar con mi Padre.

'Vosotros en mí, como yo en el Padre, a fin de que seamos perfectos en la unidad'.

Esto sí que se llama amor.

Por otra parte, si hablamos de la acción, no hay límites para vuestro error.

Obráis como si todo dependiera de vosotros; obráis como si la creatividad residiera en vosotros.

En el apostolado os comportáis como creadores, cuando no lo sois ni podéis serlo.

El creador es uno solo: Dios.

En esto os equivocáis, y empezáis siempre de nuevo.

Y de aquí brotan todos vuestros temores, porque el temor es el fruto de vuestra autonomía.

Es uno de vuestros dolores de hoy en la Iglesia, especialmente en los espíritus «fuertes», en los... «grandes». Se teme que todo se venga abajo, que se termine todo.

Esto acontece cuando se ha tenido demasiado

tiempo confianza en sí mismo o en algo creado, aunque fuera el bien o la misma Iglesia.

No, es sólo Dios quien puede pretender la confianza, porque es Dios.

Si dependiera de los hombres y de su clarividencia o habilidad, la Iglesia se habría deshecho en el primer choque, en Jerusalén.

No tenéis idea de las veces que se habría pulverizado la Iglesia a lo largo de su historia, si no hubiera sido sostenido todo por la presencia del Espíritu que está en ella.

Oh, ¡si los papas rezaran!

Oh, ¡si rezaran los obispos y, sobre todo, los sacerdotes que están en contacto próximo con la verdadera frontera del bien y del mal, que son los hombres! ¡Qué fácil sería todo!

¡Cómo les enseñaría todas las cosas, cómo revelaría los secretos de los corazones y de la historia! ¡Cómo sabría consolarlos!

Pero rezar no significa estar de rodillas o en pie, pronunciar fórmulas o celebrar ritos. Rezar significa creer hasta el final en la propia debilidad y creer hasta el fin en la omnipotencia de Dios.

Rezar significa esperar en la promesa comprendida en toda la historia de la salvación, no en el poder de la organización o en la astucia de los hombres.

Rezar significa amar y hacerlo todo por amor, no ponerse en fila en ritos que a menudo terminan por ser sólo retórica, cuando ya no están animados por la voluntad decidida de hacer únicamente la voluntad de Dios.

Oh, ¡si los cristianos rezaran!

¡Cuán diversos serían de los paganos y cómo los reconocería el mundo!

En cambio, ¿qué diferencia media entre los unos y los otros?

Y, sobre todo, ¿por qué no saben expresar su alegría?

Esto es grave, porque el mensaje de la salvación, si es salvación, es alegría, es exultancia.

¿Por qué se da una Iglesia tan triste?

¿Por qué tenemos un sacerdocio tan fastidioso que incluso llega a preguntarse uno por su identidad y por los motivos de su existencia?

La respuesta es una sola: en la práctica—no en teoría—*«me han abandonado a mí, la fuente de agua viva, para excavarse aljibes, aljibes agrietados, que no retienen agua»* (Jer. 2, 13).

Oh, volved a mí—diría el profeta—*, y ponedme a prueba y veréis si yo «no os abro las esclusas del cielo y derramo sobre vosotros las bendiciones sobreabundantemente»* (Mal. 2, 13).

¿Es que creéis *«que mi brazo es demasiado corto»* (Is. 50, 2) y se ha vuelto incapaz de ayudaros?».

* * *

«'*Permaneced en mi amor, como yo permanezco en el amor de mi Padre'* (Jn. 15, 10).

Abandonad vuestros ídolos, que no os pueden ayudar.

No creáis en la fuerza del dinero, no os apoyéis en los poderosos. Apoyaos en mí, que soy Dios.

'Permaneced en mi amor' y quedaos en paz. *«Yo he vencido al mundo»* (Jn. 16, 33).

No os metáis con ese mundo «que yo he vencido», que es poder, dinero, sensualidad; mundo que yo trituraré porque es cosa condenada, *«zambullida en el maligno»*, mundo por el cual *«no he querido rezar»* (Jn. 17, 9).

No empecéis el día leyendo el periódico, porque de esta manera, aun sin querelo, os haréis esclavos de la opinión pública; comenzad más bien vuestro trabajo cotidiano esperando el alba con la oración, como nos sugiere el Salmo:

«Despertad, arpa, cítara,
despertaré a la aurora» (Sal. 108, 3),

como han hecho todos los que han marcado la historia de mi presencia en el mundo.

«Venid a mí todos los que estáis cansados y oprimidos... y aprended de mí, que soy manso y humilde de corazón, y encontraréis descanso para vuestras almas. Porque mi yugo es cómodo y mi carga ligera» (Mt. 11, 28-29).

Y para venir a mí no es necesario siquiera ponerse en marcha, porque estoy en vosotros, en el centro de vosotros, en el lugar más oculto de vosotros, que es el cielo, mi cielo y el vuestro, es decir, el lugar del encuentro entre vosotros y yo, entre vosotros y el Padre en el Espíritu que, como hace de nosotros Trinidad, una sola cosa, hará con vosotros una cosa sola».

CAPITULO XIII

> *«Salve, llena de gracia,*
> *el Señor es contigo»*
> (Lc. 1, 28)

Oh Jesús, me atrevo a pedirte una cosa: háblame de tu madre. Cuando la contemplo me parece que soy incapaz incluso de pensar.

Cuando era pequeño, mi madre me hacía rezar el rosario. Entonces existía esta costumbre en la Iglesia y, aunque fuese una oración que me adormecía, me llenaba el corazón de una paz inmensa y me sentía saciado, realmente saciado.

Después ha llegado el tiempo en que hemos aprendido «a pensar». Ya no nos dormimos rezando, pero ha desaparecido la saciedad, la paz y la alegría.

Y, sobre todo, ha desaparecido ella, tu madre.

Cuántos de nosotros ya no la sienten cerca ni saben qué decirle; alguno tiene incluso miedo de introducirla en el trato contigo, como si existiese algún elemento de exageración, sentimental, algo menos serio...

No hablemos, por otra parte, de quien se pone a disertar sobre ella en frío, solamente impelido por el temor de que si no se habla de tu madre no somos buenos ni cristianos.

Creo que con pocos argumentos se ha hecho tanta retórica como con el argumento de tu madre.

¿No es así?

Pues bien: quisiera que me hablaras tú de ella y que me dijeras si es con nosotros, como fue contigo, madre; y si acude a nuestro lado como acudía al tuyo, cuando eras pequeño y tenías necesidad de ella.

«Pues bien, sí; hablemos de ella empezando por decir el motivo por el que la sentís menos cerca y el porqué experimentáis tanta dificultad para recitar el rosario y os aburrís con esta oración tan sencilla, infantil, breve y, pese a todo, tan profunda y contemplativa.

Os habéis vuelto demasiado intelectuales, demasiado sagaces. Habéis llegado a ser más seguidores de Descartes que hijos de ella.

Oh, entendámonos.

No está mal usar la inteligencia y el raciocinio en la indagación científica: es el instrumento más apropiado.

No está mal el ser dominados por lo racional en todo lo que pertenece a lo visible; el mal está en querer entender los misterios de Dios y bucear en el Invisible con ese instrumento.

230

Después de tantos siglos volvéis siempre al mismo punto de confundir la razón con la fe y de quererse servir de una cosa limitada como la razón humana para penetrar en los cielos.

La fe tiene la dimensión de Dios, mientras que la razón tiene la dimensión del hombre.

La fe os descubre los secretos del cielo; la razón, los de la tierra.

La fe os lleva a mi presencia; la razón os conduce a la presencia de las cosas.

Si la razón penetrara en los cielos, ¿cómo podrían llegar a mí los pequeños, que tienen tan poca?

Mientras tanto, no habría podido venir a mí mi madre, que era una mujer de casa, sencilla, como las mujeres de su tiempo, y no sabía si la tierra era redonda o chata.

No, no es la razón la que penetra en los cielos, la que puede comprender al Invisible, la que puede estar en contemplación ante mí: es sólo la fe.

Y la fe es la que ha ayudado a mi madre, la que la ha sostenido y le ha hecho pronunciar su sí, aun cuando no lograba entender, aun cuando al aceptar mi petición se enfrentaba con no pequeñas dificultades.

Por eso no sentís cerca de vosotros a mi madre, porque no estáis en la misma onda: tenéis miedo de vivir de fe y tratáis únicamente de resolver vuestra relación con Dios a la pálida luz de vuestro razonar.

Y, naturalmente, encontráis la puerta cerrada.

Mi madre fue una mujer de fe, y sólo por ese camino se puede hacer de madre y de maestra.

Intentad poneros vosotros en su lugar, si queréis entender hasta qué punto ha logrado sostener el choque entre la fe y la razón, entre lo visible y lo invisible, entre lo que se puede entender y lo que se ha de creer. Intentad pensar en lo que le ha sucedido.

Oír que el ángel le decía que llegaría a ser madre del Hijo de Dios podía ser una cosa interesante, pero no poder explicarse con José, su prometido, que en ninguna manera podía comprender el alcance del misterio que estaba verificándose en ella, no era tan interesante.

Ver aquel rayo de luz sobre la cueva de Belén podía servirle de cierto consuelo, pero advertir que los soldados de Herodes estaban para pasar a espada a todos los pequeños compañeros de desventura del Mesías, no era una cosa demasiado aceptable para la razón.

Sentir mi intimidad y condividir mi vocación hasta el fin y soportar los gritos de la muchedumbre que quería verme muerto, no le fue tan fácil.

Tener un cadáver entre las manos en el Calvario, en aquel viernes trágico, y creer en mi resurrección, no era un razonar a la manera de este mundo.

Y así hasta el final: mi madre vivió de fe pura, y el amor de Dios por ella no le ahorró los sufrimientos más atroces, cuyo alcance es difícil imaginar.

Si me dio a luz sin dolor en Belén, no alumbró de la misma manera a la Iglesia, y lo que le costó el Calvario y la incomprensión de los hombres, de todos los hombres, incluidos los más íntimos, le mereció de verdad el título de madre de la Iglesia.

Y siempre con la fe oscura, como la noche, hasta el fin de su áspero caminar, hasta recibir mi abrazo después de su tránsito.

Sólo entonces pudo respirar, dado que su lucha en el espíritu fue tan dura que no tiene semejante en ninguna criatura de la tierra.

Pero hay otra cosa que puede enseñaros mi madre: *a vivir*.

Y aquí volvemos al defecto central de vuestro tiempo, que os ha hecho hijos de Descartes, y por lo cual ya no entendéis la proximidad de mi madre, demasiado diferente de la vuestra.

Vosotros hacéis del Evangelio y del mensaje de la salvación una idea. Vivís de ideas, os atiborráis de ideas, os interesáis de ideas, llenáis la jornada de ideas.

Y no sabéis que yo no he venido a traer una idea, sino una vida, la vida.

¿Qué relación podéis mantener todavía con mi madre, que no tenía una sola idea?...

Pero vivía.

Yo era su vida.

En su vientre no había una idea; estaba yo, que soy la vida.

Y la vida se desenvuelve de una manera especial y es fruto de amor, no de problemas; de lucha y de sangre, no de palabras.

No se logra ya penetrar en un grupo vuestro

de militantes sin oír palabras, palabras y más palabras.

¿Cómo podéis entender a mi madre, que no hablaba nunca?

La diferencia entre la palabra y la vida, entre la cháchara y la vida, es la diferencia que media entre el ser y la nada, entre el amar y el hablar de amor, entre el rezar y el disertar sobre la oración, entre el comer y el discutir sobre el pan.

Vosotros disertáis en lugar de rezar; vosotros habláis de amor en lugar de ser el amor.

Mi madre hacía lo contrario: rezaba, callaba y amaba, y de esa manera se desarrollaba en ella la vida divina.

Pero, además, había en ella una cosa que vosotros habéis olvidado por completo.

Ella no hablaba de mí, sino que me miraba; ella no estudiaba teología, sino que escuchaba incluso mi respirar durante la noche; ella no se sentía misionera, sino que *«conservaba todas mis cosas, meditándolas en su corazón»* (Lc. 2, 51).

¿Y vosotros? Habláis continuamente de mí sin conocerme, estudiáis horas y más horas en los libros de teología sin sentir la necesidad de estar un poquito conmigo en silencio en una iglesia, queréis salvar al tercer mundo y no introducís un poco de salvación en vuestro corazón desordenado, que carece de paz y de alegría.

Si buscarais la vida divina que soy *'Yo en vosotros'* (Jn. 14, 20), os encontraríais con mi madre, que no hizo otra cosa que llevar en sí misma la vida divina para darla al mundo. Su cielo era yo, su contemplación era yo, yo era su inspiración y su acción.

¡Y le bastaba!

Y era feliz, aunque la espada de su maternidad divina le traspasase continuamente el corazón.

Ella no se creía constructora de la historia, como hacéis vosotros, sino que vivía en su pequeñez y atribuía a Dios, y a Dios solo, la posibilidad de guiar las cosas.

Ella se creía hasta tal punto nada delante de Dios, que no tuvo jamás el deseo de reflejarse en su propia responsabilidad, como hacéis vosotros.

Sí, tenéis miedo de lo que dirá la historia de vosotros, y es vuestro orgullo desmedido el que os hace pensar de esa manera.

Ella no tenía ese temor y en su sencillez vivía día a día como viven los pobres de la tierra, los verdaderos pobres, esos que saben que no pesan nada en la balanza de los acontecimientos.

¿Queréis la prueba de la diferencia entre vuestra continua preocupación y la libertad de mi madre en su extraordinaria humildad de vida?

Un día, durante una peregrinación a Jerusalén, me escondí y ella me perdió.

¿Me habríais perdido vosotros?

No, seguramente no me habríais perdido.

Para no perderme, de modo que la historia no dijera de vosotros que erais unos distraídos, me habríais atado con una cuerda a vuestro brazo y no me habríais concedido la menor libertad.

Mi madre fue capaz incluso de perderme, tan libre era en su inmensa humildad.

Era esta su humildad, esta su pequeñez, este

su «no protegerse» lo que me enamoraba, este no estimarse nada.

Ninguna criatura fue tan capaz de humildad como mi madre.

Y aquí reside su grandeza ante Dios.

Por eso no sentís cerca de vosotros a mi madre y no la podréis sentir mientras no os convirtáis de corazón.

Mi madre es modelo de vida y de humildad; vosotros sois modelos de grandes palabras y de vanidad.

Mi madre es maestra de fe y de abandono total en Dios; vosotros sois modelos de gélida racionalidad y de continuas incongruencias.

Mi madre era pobre y libre como un pajarillo del cielo; vosotros sois ricos y esclavos de vuestra presunta cultura y de vuestro bienestar envenenado y triste».

* * *

«Pero veamos su «ser».

¿Qué era mi madre?

¿Qué es lo que ha inaugurado mi madre?

¿Qué es lo que ha vivido mi madre?

Era el reino de Dios.

Ha inaugurado el reino de Dios sobre la tierra.

Vivió el reino de Dios.

Por primera vez en el tiempo se cumplió en ella el deseo eterno de Dios de vivir bajo la tienda de los hombres.

María fue la primera tienda bajo la cual vivió el Absoluto como en su casa, conversando con los hombres, viviendo en paz con los hombres.

Siempre había sido deseo de Yavé el acampar entre los hombres, vivir en perfecta unión con ellos, establecer con ellos un reino ideal de paz, donde fuera abolida la guerra y la felicidad fuera de casa.

Nunca lo había conseguido.

Ninguna criatura había aceptado jamás convertirse en la tienda de Dios, en absoluto dominio suyo.

Eran demasiados los ídolos que llenaban el espacio de su libertad.

La primera criatura que supo y quiso pronunciar su sí incondicional al deseo de Dios fue precisamente mi madre. *«He aquí la esclava del Señor. Hágase en mí según tu palabra»* (Lc. 1, 38).

Era la primera vez que el Absoluto de Dios escuchaba una palabra tan dulce por parte de los hombres.

Todos se habían preocupado tan sólo de poner objeciones y de negarse, como si el reino de Dios fuera menos interesante que el reino de la tierra, y el vivir con los hombres fuese más gustoso que vivir con Dios.

Mi madre fue capaz de ejecutar un acto de abandono completo, de radical humildad y de perfecta visión de lo real.

Y me concibió.

Y yo viví en su seno como en el paraíso, a mi gusto.

El regazo de mi madre era verdaderamente un pedazo de cielo, era el cielo.

En ella se había realizado el sueño de Dios:

hacer de la tierra el cielo: «*así en la tierra como en el cielo*» (Mt. 6, 10).

¿Queréis convertiros vosotros en cielo?

Haced como mi madre; aceptad que yo habite en vosotros.

¿Queréis volveros «*tienda de Dios*»? Aceptad que yo esté en vosotros, como hizo mi madre.

Aquí está el resumen de todo el plan de la salvación; aquí está el secreto de Dios; aquí está el signo de su infinita misericordia; aquí está la grandeza de la vocación humana.

Ser habitados por Dios, vivir la unión con el Eterno, hacer de un hombre el cielo, hacer de la criatura el reino del Creador.

Mi madre está al comienzo de todo esto e inaugura en su carne esta realidad divina.

Quien quiere entrar en esta realidad debe pasar por ella.

He aquí por qué es madre vuestra como lo es mía.

Aceptadla y seréis santos, porque la santidad no es otra cosa que la inhabitación de Dios en vosotros y la aceptación consciente de este «*ser habitado por Dios*», como hizo plenamente mi madre.

Entonces comprenderéis todo, porque vuestro entender vendrá de dentro como fruto de vida y como respuesta a la intimidad con la eterna verdad de Dios. Entonces hallaréis la paz, porque la paz es el fruto del orden que yo he establecido entre el cielo, que es Dios, y la tierra, que sois vosotros.

Ninguna otra cosa podrá causaros miedo, una

vez que lleváis en vosotros a Dios con su omnipotencia.

Ninguna otra cosa os podrá turbar, desde el momento que, siendo cielo de Dios, ya tenéis en vosotros el reino, indefectible y eterno, establecido desde siempre y para siempre por mi Padre».

* * *

«Una cosa más os puede enseñar aún mi madre, muy preciosa en estos tiempos paganos y difíciles: la fuerza de sufrir con amor.

Tal fuerza no tenía límites en ella y era debida a su vocación de engendrar la vida.

Oh, no es fácil engendrar la vida en una tierra de muerte.

Generar la vida en un desierto inhóspito como es el corazón del hombre en pecado.

¡Qué angustia ante el horrendo caos de un hombre dominado por los demonios del poder, del dinero y de la lascivia!

¡Es una cosa terrible!

¿Cómo transformar en cielo una realidad tan terrestre, en generosidad un egoísmo tan refinado, en libertad la esclavitud más completa?

Hay bien poco que hacer, es preciso sufrir, sufrir mucho, como sufren las madres por sus hijos ingratos, como sufren los inocentes por quien los aplasta, como sufren los pobres por quien los mata de hambre.

Es menester un gran poder de sufrimiento para no dejarse llevar por la tentación del odio y para no acumular con la violencia otros cadáveres sobre la ya elevada montaña de cadáveres.

Porque si la madre se rebela ante el hijo que peca, tal vez sin entender, ¿quién salvará al hijo?

Si el inocente golpea a quien le ha golpeado, ¿quién detendrá la espiral de la violencia?

Si el pobre mata al patrón que le hace pasar hambre y lo desprecia, ¿quién será aún capaz de ser «el pobre» sobre la tierra?

Y ¿no sabéis que si no sois «pobres» no podréis entrar en el reino de los cielos?

Y ¿no sabéis que solamente la «pobreza» es el sendero que lleva a la vida de Dios?

Y ¿qué significa pobreza como bienaventuranza, según dije en el sermón de la montaña: *«Bienaventurados los pobres de espíritu, porque de ellos es el reino de los cielos...»* (Mt. 5, 3), sino la aceptación amorosa, beatificante, de los propios límites, de la propia cautividad, del propio dolor, de la propia enfermedad, de la propia muerte?

Oh, no reduzcáis la pobreza a algo físico; no la reduzcáis a la falta de dinero.

La pobreza para el hombre es su misma «naturaleza» de hombre, es su «estado», es su «ser».

Pobreza, para el hombre, es la sed de la vida sin poseerla aún, es la búsqueda del Absoluto viviendo aún en lo contingente, es el hambre de Dios, es la aspiración hacia la resurrección estando todavía zambullidos en la muerte.

Esta es la pobreza; y es tal tensión, que sólo sobre ella se construye la relación del hombre con Dios.

Sin pobreza el hombre no puede avanzar hacia Dios, porque no sentiría la necesidad de hacerlo. Peor aún: sin pobreza el hombre se creería Dios adorándose a sí mismo con una idolatría diabólica como blasfemia prolongada y radical.

Sin pobreza el hombre se volvería Satán».

* * *

«Así es exactamente.

Para no dejarse volver Satán, Dios ha hecho de la pobreza el patrimonio de la tierra, el término de vuestro crecimiento, el ambiente de vuestra santificación, el móvil de vuestro avanzar.

Vosotros repararéis la casa por una parte y se abrirá una grieta por otra.

Siete estaciones gordas atiborrarán vuestros graneros y otras siete flacas os destruirán los silos. Os curaréis de una enfermedad y sentiréis dentro de vosotros los síntomas de otra.

Acudiréis a la derecha a dar la mano a un hermano y a vuestra espalda caerán otros tres, presa de la indigencia que vuestro mismo amor no ha conseguido saciar.

Os dedicaréis a mil obras buenas y os sentiréis incapaces de haceros obedecer por vuestro hijo o de mantener la paz con vuestra mujer.

Os sentiréis tan generosos como para salvar a todos los hombres, y no lograréis liberar vuestro corazón de un amor que os envenena y prostituye.

Os aplaudirán como hombres de valor y os darán los votos para gobernar, y apenas ocupéis vuestro cargo sentiréis la incapacidad de resolver los problemas de cada día y la angustia de no poder hacer casi nada por quien espera».

* * *

Esta es la pobreza.

Y el dolor es su precio.

Pero el poder de sufrir, de tener paciencia, cuando brota del venero del amor como un fuego, forma en el hombre, poco a poco, una soldadura entre lo visible y el Invisible, entre su debilidad y la omnipotencia de Dios, entre el no ser y el Ser, entre la tierra y el cielo.

Esta soldadura hecha con el fuego del dolor sobre la hendidura de la pobreza del hombre se convierte en el punto de encuentro, en el puente de paso, en el terreno del reino invisible de Dios.

Yo añadiría aún: es el nuevo cielo y la tierra nueva que nos han prometido las Escrituras y que proclama la esperanza del hombre.

Y es dicha porque es afirmación de la victoria de Dios sobre la debilidad y pobreza de su criatura, y anuncio de la resurrección sobre la tragicidad de la muerte.

Dios sale al encuentro del hombre en la bifurcación de su pobreza, en la escudilla de su hambre, en la sed de su indigencia, en la toma de conciencia de sus limitaciones de criatura, en la agonía de su muerte.

Y sale a su encuentro para darle lo que busca.

Y se lo da, pero no en su figura creada: en lo increado.

No en la imagen, sino en la realidad.

No en el tiempo, sino en la eternidad.

La casa terrena se hace así la casa celestial.

El pan de la tierra se convierte en el pan de Dios.

La salud del cuerpo, salvación eterna.

La vida del hombre, vida eterna de Dios.

CONCLUSION

Puesto que tengo que terminar, diría así:

En mi vida he tenido todo el tiempo que he querido para descubrir mi pobreza en el cuerpo, en el corazón y en el espíritu.

Primeramente me ha molestado; a veces me ha escandalizado como algo incomprensible.

Después me ha hecho pensar.

El encuentro con Jesús en el Evangelio me ha enseñado la tolerancia, la resignación, la aceptación de esta mi pobreza.

Pero cuando él, Jesús, y el Padre me han enviado el Espíritu Santo, he entendido y vivido la dicha de la pobreza, es decir, la comprensión amorosa y gozosa de mis limitaciones, la certeza de que la vida brota de la muerte, la experiencia contemplada de que las cosas visibles son la imagen del Invisible y que la pobreza sobre esta tierra era sólo sed de cielo, que es sed del Absoluto.

Entonces me he dirigido con fe por el sendero de mi pobreza para encontrarme con él, el Invisible, el Eterno, la vida, la luz, el amor, el misericordioso, el Dios personal, el Dios de Abraham, el Dios de Moisés, el Dios de Elías, el Dios de Jacob, el Dios de Cristo.

El terreno del encuentro no ha sido siempre fácil: oscuridad, náusea, aridez, deseos de huir.

Pero he seguido, sostenido por la esperanza.

He comprendido que Dios es el Dios que viene.

Y he esperado.

Rezar, para mí, significa esperar.

En las fronteras de mis limitaciones, en la tensión de mi amor, tener la fuerza de esperar.

Os diré que él ha venido siempre, aun cuando la manera de venir siempre ha sido nueva, porque él es siempre «novedad», y es la eterna multiplicidad, si bien en la infinita unidad de su naturaleza.

Deciros que me he encontrado bien con él es deciros poco, aunque casi siempre me ha brindado un amor doloroso, sobre la imagen y sustancia de Jesús crucificado, y me ha invitado con fuerza a identificar mi amor con el dolor del mundo entero y con el sufrimiento de mis hermanos.

Y pienso—si su gracia me sostiene, como espero—volver cada amanecer y cada anochecer de mi vida a ese punto de encuentro.

Y aunque prevea que mi pobreza aumentará a medida que me acerque a la muerte y que cada vez será más amarga la espera, no quiero faltar a la cita.

El Dios que viene me ha conquistado por fin y mis ojos cansados de ver sólo las cosas de aquí abajo se sienten felices de poderle sonreír.

Y quisiera que estuvieran muy abiertos y preparados para sonreír ante su maravilla cuando venga por última vez a romper el velo de mis limitaciones e introducirse con todo «su pueblo», que es la Iglesia, en su reino invisible de luz, de vida y de amor.

Y para apresurar ese día, hago mía desde ahora en adelante la oración más bella expresada por las últimas palabras del Apocalipsis y puesta como sello sobre las cosas reveladas:

«Ven, Señor Jesús».

Así como también hago mía la esperanza gozosa contenida en la respuesta:

«Sí, voy al punto». Amén.

INDICE

Colección TEOLOGIA Y PASTORAL

Colección FERMENTOS